Christa Hohenadl · Renate Will

INTO GERMAN

Ein systematisches Übersetzungstraining
Englisch – Deutsch

Max Hueber Verlag

3 2 1	Die letzten Ziffern
1998 97 96 95 94	bezeichnen Zahl und Jahr des Druckes.

Alle Drucke dieser Auflage können, da unverändert, nebeneinander benutzt werden.
1. Auflage

Lektorat: Cornelia Dietz, München
Umschlaggestaltung: Gerhard Rudauskas
Layout: Erentraut Waldau, Ismaning
Zeichnungen: Bill Bossert, Esslingen
Satz: Design-Typo-Print GmbH, Ismaning
Druck: Allgäuer Zeitungsverlag, Kempten
Printed in Germany
ISBN 3-19-002401-4

Inhalt

Anhang

Vorwort

Fragen Sie sich,
ob Sie wirklich übersetzen lernen, indem Sie möglichst viele Texte übersetzen,
ob sich das Übersetzen im Berufsalltag nicht sowieso wesentlich vom Übersetzen in der Ausbildung unterscheiden wird?
Oder haben Sie schon längst resigniert aufgegeben und hoffen einfach nur, daß Sie bis zum Examen „irgendwie" übersetzen lernen?

Wir haben uns diese Fragen auch gestellt, denn wir bilden seit Jahren Übersetzer und Übersetzerinnen[1] aus. Wir sind der Meinung, daß Sie sich durchaus systematisch eine übersetzerische Kompetenz erarbeiten können und daß Beruf und Ausbildung nicht auseinanderklaffen müssen.

Unser Buch zeigt Ihnen einen Weg, wie Sie diese Ziele verwirklichen und – wie wir hoffen – auch noch Spaß dabei haben können!

Wir gehen von folgender Grundüberlegung aus

Im Beruf wird jeder Übersetzungsvorgang durch einen Übersetzungsauftrag ausgelöst, aus dem der Zweck, die Funktion der Übersetzung hervorgeht. Die Übersetzerin wählt dementsprechend eine *Textsorte* in der Zielsprache, durch die dieser Zweck erfüllt wird. Jede Textsorte unterliegt aber bestimmten *Textnormen*, und nur die Kenntnis dieser Textnormen oder Textkriterien und deren Anwendung führen zu einer adäquaten Übersetzung.

[1] Um sowohl die Übersetzerinnen als auch die Übersetzer anzusprechen und dennoch umständliche Formulierungen zu vermeiden, versuchen wir weibliche und männliche Sprachformen zu gleichen Teilen zu verwenden.

In vielen Fällen stimmen sowohl die Funktion des Ausgangstextes (AT) und die Funktion des Zieltextes (ZT) als auch die Textsorte und deren Kriterien in der Ausgangssprache (AS) und in der Zielsprache (ZS) überein. Da unser Buch hauptsächlich der Examensvorbereitung dienen soll, beschränken wir uns auf diese Art von Texten.
Es könnten sich jedoch auch grundlegende Unterschiede ergeben, zum Beispiel dadurch, daß im Englischen andere Kriterien für eine Textsorte gelten (häufig bei „Gebrauchstexten" wie z. B. Kochrezepten), die Funktion des ZT eine andere ist als die des AT (z. B. könnte der Übersetzungsauftrag festlegen, daß ein Touristenprospekt in der ZS überwiegend informieren und nicht überwiegend werben soll wie der AT) oder sich der Adressat ändert (dies spielt z. B. bei einem Werbetext eine Rolle).

Was uns die Praxis gezeigt hat

Aus unserer langjährigen Erfahrung mit der Ausbildung von Übersetzern und Übersetzerinnen geht hervor, daß immer wieder dieselben Fehler gemacht werden.

Wie können Sie diese Fehler vermeiden

1. Sie entwickeln eine Strategie des Übersetzens: Sie sehen den Text in seiner kommunikativen Einbettung und berücksichtigen
a. *textexterne Faktoren*, wie Sender, Adressat, Ort, Zeit, Funktion.
Sie erfassen
b. den Text als Sinnganzes, d. h. nach *text-*

internen Kriterien, und übertragen ihn nicht Wort für Wort und Satz für Satz.
Sie erkennen
c. *textübergreifende Probleme*.
2. Sie verbessern systematisch Ihre muttersprachliche Kompetenz:
a. Durch die Kenntnis und das Anwenden der für die jeweilige deutsche Textsorte einzuhaltenden Textnormen, z. B. indem Sie in einem Abstract Nominalstil verwenden.
b. Dadurch, daß Sie sich immer wiederkehrende Wortschatz-, Satzbau- und Stilprobleme bewußt machen und deren Bewältigung üben; z. B. das Problem „Fremdwort“: Wann können Sie den Begriff „toxische Substanz“ verwenden, und wann müßte es „giftige Stoffe“ heißen?

Diese beiden Punkte werden Ihnen auch auf weiteren Gebieten helfen:
- bei der Übersetzung aus anderen Sprachen
- bei der Übersetzung von Fachtexten.

Daraus ergibt sich die Untergliederung des Buches in 2 verschiedene Teile

Teil I: Textteil mit Arbeitsblättern

Teil I enthält 10 Texte:
5 zeitgenössische englische Texte, die Textsorten angehören, mit denen Übersetzer im Beruf häufig konfrontiert werden, und von denen wir hoffen, daß sie Sie auch inhaltlich interessieren und daß Ihnen deren Übersetzung Spaß macht.
5 typische Prüfungstexte der letzten Jahre: 1 Abschlußprüfungstext der Berufsfachschule, 2 Staatsprüfungstexte für Dolmetscher und Übersetzer und 2 Staatsexamenstexte der Universität München.

Alle Texte enthalten eine Vielzahl von übersetzungstechnischen Problemen, die sich zum Teil wiederholen. Damit wird ein Transfer des Gelernten möglich. Durch die Auswahl der Texte wird gewährleistet, daß Sie sich systematisch auf die Prüfung (und auf die Praxis!) vorbereiten können.
Jeder Text ist kommunikativ eingebettet, d. h. er ist mit einem Übersetzungsauftrag versehen, mit Leitfragen oder Anmerkungen, aus denen u. a. die Verfasserin des ausgangssprachlichen Textes, der Adressat und die Funktion des zielsprachlichen Textes hervorgehen. Damit soll die berufliche Situation simuliert werden.

Es folgt eine *Musterlösung*, zu deren kursivgedruckten Teilen anschließend ein *Kommentar* angeboten wird. Die Musterlösung ist nicht absolut zu setzen, sondern nur ein Vorschlag. Wir begründen nicht jede Entscheidung und führen nicht eine Vielzahl von eventuell möglichen Alternativen an, da ein zu umfangreicher Kommentar womöglich nur abschrecken und verwirren würde. Uns kommt es vor allem darauf an, besonders typische übersetzungstechnische Probleme aufzuzeigen, die wir unter immer wiederkehrenden Oberbegriffen wie z. B. „Wortartenwechsel“ zusammenfassen.

Zu einzelnen Aspekten gibt es zu jedem Text ein bis zwei *Arbeitsblätter*. Wir sind uns der Problematik von Einzelsätzen durchaus bewußt, sehen aber keine geeignetere Möglichkeit, einzelne übersetzungstechnische Probleme gezielt zu üben. Wir raten Ihnen deshalb, bei der Bearbeitung der Arbeitsblätter vor allem zu überprüfen, ob Sie das angesprochene Problem erkannt und geschickt bewältigt haben. Versuchen Sie nicht so sehr, die Sätze bis ins letzte Detail geschliffen zu übersetzen.

Teil II: Informationsteil

Teil II ist zum Nachschlagen der in Teil I auftauchenden Fragen und zur systematischen Förderung der muttersprachlichen Kompetenz bestimmt.

A Textsorten

Abschnitt A stellt die entsprechenden acht deutschen Textsorten dar, so daß Sie sich bei Bedarf über die Textnormen der jeweiligen Textsorte informieren können.
Wir wollen in diesem Teil keine in sich schlüssige Texttypologie entwickeln, wie es schon oft versucht wurde, zum Beispiel von Koller oder Reiß, sondern lediglich typische Merkmale aufzeigen.
Im allgemeinen läßt sich natürlich nicht jeder Text eindeutig einer Textsorte zuordnen, viele Texte sind Mischformen, so wie z. B. auch Text 3 „New York City“, der überwiegend der Textsorte „Nachricht“ angehört, aber auch kommentierende Teile enthält.
Bei Auszügen aus größeren Werken ist allein die Textsorte, der der jeweilige Auszug angehört, ausschlaggebend, wie z. B. die Textsorte „Schilderung“ für den Text 9 „Victorian People and Ideas“.

B Acht textübergreifende Problembereiche mit Übungen

Abschnitt B erläutert einzelne in den Texten vorkommende Stilkriterien wie Nominalstil oder Stilebenen und typische Übersetzungsprobleme wie Fremdwörter oder Unika. Dazu werden gezielte Übungen angeboten.
Diese Aspekte spielen bei den Übersetzungen in Teil I eine wichtige Rolle. An den entsprechenden Stellen gibt es jeweils Querverweise. Wir hoffen, daß Sie diese auch nutzen und wirklich nachschlagen, hin und her blättern und mit dem Buch „arbeiten“. Nur so können Sie textübergreifende Probleme erkennen und eine Strategie des Übersetzens entwickeln.

Anhang

Dort finden Sie die Lösungsvorschläge zu den einzelnen Übungen und zu den Arbeitsblättern.

Unsere Zielgruppen sind

1. vor allem die Studierenden der Studiengänge Übersetzen der akademischen und anderer Ausbildungsstätten, die das Buch im Selbststudium als Examensvorbereitung benutzen können.

2. Das Buch soll aber auch als Anregung und als Hilfe für die „Übersetzungslehrenden“ dienen. Wir möchten damit einen Anstoß geben, in der Ausbildung als AT nicht nur beliebige englische Texte meist feuilletonistischer Art zu verwenden, sondern gezielt bestimmte Textsorten. Und wir möchten darauf hinweisen, daß Übungstexte und Prüfungstexte mit einem Übersetzungsauftrag versehen sein sollten, wie es in der Literatur immer wieder gefordert wird.[1]
Größere Praxisnähe würde die Motivation der Lernenden sicher beträchtlich steigern!

Fazit

Wir haben diese Übersetzungsstrategie im Unterricht geübt und erprobt. Sie hat sich sehr bewährt, weil sowohl den Lehrenden als auch den Lernenden objektive Kriterien

[1] Snell-Hornby: 25 ff.

an die Hand gegeben werden, nach denen einerseits eine Übersetzung angefertigt, andererseits die Qualität einer Übersetzung beurteilt werden kann.
Die Frustration, die durch eine subjektiv empfundene Korrektur entsteht und durch eine Lernmethode nach dem Motto:

So frei wie nötig –
aber so genau wie möglich!

kann auf diese Weise vermieden werden.

Christa Hohenadl
Renate Will

Verwendete Abkürzungen

AB = Arbeitsblatt
AE = Amerikanisches Englisch
AS = Ausgangssprache
AT = Ausgangstext
BE = Britisches Englisch
FW = Fremdwort
HS = Hauptsatz
NS = Nebensatz
S-P-O = Subjekt-Prädikat-Objekt
ugs. = umgangssprachlich
Z. = Zeile
ZS = Zielsprache
ZT = Zieltext

➜ verweist auf ein Arbeitsblatt oder eine Übung noch im selben Kapitel

➜➜ verweist auf ein Arbeitsblatt, einen Text oder ein Kapitel

Die Fußnoten nennen nur den/die Autor/in und die Seite. Nähere bibliographische Angaben finden Sie im Anhang.

Danksagung

Wir möchten unseren Kolleginnen und unseren Kollegen vom Fremdspracheninstitut der Landeshauptstadt München, die uns mit Rat und Tat unterstützt haben, für ihr Interesse und ihre Hilfsbereitschaft herzlichst danken, ebenso unseren Studierenden für manche wertvolle Anregung.

C. H.
R. W.

Textteil

Text 1: Einstiegstest
Textsorte: Bericht

Ausgangstext und Übersetzungsauftrag

Sie verstehen Englisch + Sie beherrschen Ihre Muttersprache = Sie können übersetzen!?

Testen Sie sich!

Einstiegstest

More women in the *workforce* (1) obviously means more women *in the managerial ranks* (2) as well; the slow rise of women into *the executive suite of management* (18) over the last 15 years *is expected to* (13) continue. *While* (15) women managers *remain* (7) scarce in many *industries* (8), there *has still been* (10) considerable *progress* (9). The proportion of *women workers* (3), and their level of qualifications, has risen drastically. The convergence of these demographic changes means that European *corporations* (6) will be increasingly *dependent on women* (17) *to fill* (11) *managerial and technical jobs* (5) traditionally *held* (11) by men. The result has been a *recent* (14) *wave* (19) of programmes designed to *attract and retain* (12) valuable *female employees* (4). *Of course* (16), the problem – and the perception of it – varies from country to country, but for many companies the resistance to change stems from *the simple fact* (20) that women executives *simply* (20) cost more than their male colleagues.

(Quelle: *International Management*, June 1989)

Bei dem vorliegenden Text handelt es sich um die Abschlußprüfung der Berufsfachschulen für Fremdsprachenberufe 1990. Der Text ist dem amerikanischen Wirtschaftsmagazin *International Management* vom Juni 1989 entnommen.

Übersetzungsauftrag

Wie bei herkömmlichen Prüfungen dieser Art geht es auch in diesem Einstiegstest nicht in erster Linie um eine stilistisch geschliffene, sondern vor allem um eine inhaltlich richtige Lösung. Die angegebenen Lösungen sind darauf ausgerichtet.

Nur für den Einstiegstest heben wir für Sie bereits die Problemstellen durch Kursivdruck und Numerierung hervor.
Nehmen Sie sich wie die Prüflinge 45 Minuten Zeit und verwenden Sie kein Lexikon.

20 Klippen sind zu umschiffen:

- Wenn Sie nur fünf davon glücklich umschifft haben, kann Ihnen das gründliche Studium dieses Buches in Zukunft zu größeren Erfolgserlebnissen verhelfen.
- Wenn Sie zehn gemeistert haben, könnten Sie die Zahl wesentlich erhöhen,

wenn Sie sich vor allen Dingen auf die Aufgaben konzentrieren, in denen die Klippen, an denen Sie gescheitert sind, behandelt werden.

- Wenn Sie ungefähr mit 15 von 20 Schwierigkeiten fertiggeworden sind, dann kann Ihnen dieses Buch zur Vervollkommnung Ihrer Fähigkeiten sehr hilfreich sein!
- Wenn Sie 19 oder 20 geschafft haben, gehören Sie zu den wenigen, die diese Abschlußprüfung mit Note 1 bestanden hätten – aber bedenken Sie: Dieser Text war leicht! Im folgenden geht es um höhere Schwierigkeitsgrade!

Kommentierte Musterlösung

Einstiegstest

Eine größere Zahl von Frauen *in der Arbeitswelt* (1) bedeutet ganz offensichtlich auch mehr *weibliche Führungskräfte* (2). Der langsame Aufstieg der Frauen in *die Chefetage* (18) in den letzten 15 Jahren wird *vermutlich* (13) anhalten. *Wenn auch* (15) in vielen *Industriezweigen* (8) weibliche Manager *noch immer selten sind* (7), so *gibt es doch schon* (10) beträchtliche *Fortschritte* (9). Der Anteil der *weiblichen Arbeitskräfte* (3) ist ebenso wie deren Qualifikationsniveau immens gestiegen. Das Zusammentreffen dieser demographischen Veränderungen bedeutet, daß europäische *Unternehmen* (6) zunehmend auf Frauen angewiesen sind, *um Positionen im Management und im technischen Bereich* (5) *besetzen* (11) *zu können* (17), die traditionsgemäß von Männern *eingenommen wurden* (11). Dies hat in *letzter Zeit* (14) zu einer *Flut* (19) von Programmen geführt, durch die qualifizierte *weibliche Arbeitskräfte* (4) *angeworben und auf die Dauer verpflichtet* (12) werden sollen. *Natürlich gestaltet sich* (16) das Problem – und dessen Wahrnehmung/das Problembewußtsein – in jedem Land anders, doch in vielen Betrieben beruht der Widerstand gegen Veränderungen *ganz einfach* (20) darauf, daß Frauen in leitenden Positionen *nun einmal* (20) mehr Kosten verursachen als ihre männlichen Kollegen.

Im folgenden sind gleich gelagerte Schwierigkeiten unter 10 Hauptpunkten zusammengefaßt. Diesen Oberbegriffen werden Sie in den Erläuterungen zu den einzelnen Texten immer wieder begegnen.

1. textsortenspezifische Faktoren

Es handelt sich bei diesem Text um einen **Sachtext**, einen **Bericht** über die sich verändernden Strukturen der Arbeitswelt.
Es geht also darum, sich im Deutschen ebenfalls eines sachlichen Stils zu bedienen, die entsprechenden Termini zu finden und nicht etwa die englischen Begriffe wörtlich zu übersetzen oder ins Umgangssprachliche auszuweichen.
Ein Mittel, die Information zu verdichten und den Stil flüssiger zu gestalten, sind **Komposita** (siehe Musterlösung „Qualifikationsniveau“ Z. 6 und „Problembewußtsein“ Z. 12).
→→ Teil II „Nachricht-Bericht“, S. 90–91

Einzelne Begriffe – Fachwortschatz

1. *in the workforce* – auch: berufstätige Frauen
2. *in the managerial ranks* – auch: Frauen in den Reihen der Manager / in Spitzenpositionen

3. *women workers* – können hier nicht nur „Arbeiterinnen" sein

4. *female employees* – sind ebensowenig nur „Angestellte"

5. *managerial and technical jobs* – auch: Stellen in Management und Technik (*job* kann hier nicht „Arbeit" bedeuten).

Fremdwort

→→ Teil II „Fremdwort", S. 118–121

6. *corporations* – In diesem Sachtext sind Fremdwörter, bei denen es sich um Fachbegriffe handelt, durchaus angebracht – vorausgesetzt sie sind im Deutschen eingebürgert und decken sich mit den englischen Begriffen. Dies trifft auf *qualification* und *demographic* zu, auf *convergence* und *drastically* mit Einschränkung, auf *corporation* nicht.

„Korporation" gibt es zwar als Fachwort im Deutschen, wird aber nicht wie im Amerikanischen landläufig für ein „Unternehmen" verwendet (lt. Duden Fremdwörterbuch: juristische Körperschaft oder Studentenverbindung).

convergence – „Konvergenz" hier auch möglich, da dieses Fremdwort sich immer mehr einbürgert; in jüngster Zeit ist gerade in bezug auf Europa viel von der „Konvergenz der Interessen" etc. die Rede.

drastically – „drastisch" hat im Deutschen eher negative Konnotationen (lt. Duden: derb, sehr wirksam) und ist deshalb hier nicht zu empfehlen. Es wird zwar verwendet, ist aber ein Anglizismus.

2. allgemeine übersetzungstechnische Probleme

Einzelne Problemwörter

7. *remain* – nicht: bleiben; ebensowenig wie *idea* immer mit Idee (→→ Text 9, S. 75) gleichzusetzen ist, kann *remain* automatisch mit bleiben übersetzt werden, sondern muß häufig im Sinne von „ist noch immer" wiedergegeben werden.

→→ Text 2 „Abstract", S. 15, Z. 3

Singular wird Plural und umgekehrt

8. *industries* – „Industrien" ist ungebräuchlich

9. *progress* – wir benutzen den Plural!

Present Perfect

Der Bezug zur Gegenwart muß auch im Deutschen zum Ausdruck kommen, sei es durch die Verbform oder durch ein Adverb:

10. *there has still been considerable progress* – auch: hat es bisher gegeben, nicht: gab – sonst waren die Fortschritte nur in der Vergangenheit.

Z. 10 – auch: Das Resultat ist (jetzt immer noch!), daß es in der letzten Zeit/kürzlich zu einer ... kam.

→→ Text 7 „Television", S. 52 / Text 8 „Upheaval", S. 60

Kollokationen

→→ Teil II „Kollokation", S. 132–133

11. *to fill ... jobs* – Arbeitsplätze werden „besetzt" nicht „gefüllt"; oder „eingenommen" nicht „gehalten".

12. *to attract and retain female employees* – Arbeitskräfte werden „angeworben" nicht „angezogen" und „am Arbeitsplatz gehalten" und nicht „behalten".

Wortartenwechsel

→→ AB 8 „Wortartenwechsel", S. 40

13. *is expected to* – vermutlich; siehe auch Z. 9 *programmes designed to* – sollen; englisches „Füllverb" wird im Deutschen zu Adverb bzw. Hilfsverb.

14. *a recent wave* – „eine kürzliche Welle" gibt es nicht, „kürzlich" wird nur adverbial gebraucht.

Z. 11 *stems from the simple fact* – entspringt ... ganz einfach der Tatsache.

Satzbau

15. *while* – bedeutet nicht nur „während"! Und hier schon gar nicht!
Auch: Zwar ...., doch ....
→ AB 1 „while", S. 14

16. *Of course,...* – Beachten Sie die deutsche Wortfolge! Auf keinen Fall darf die englische einfach übernommen werden!
Auch: Das Problem ... ist natürlich in jedem Land verschieden.

17. *dependent on women to fill ...* Satzverkürzung durch Infinitivkonstruktion; im Deutschen muß häufig ein modales Hilfsverb eingesetzt werden, hier: können; auch: bei der Besetzung ...
Der Infinitiv *to fill* wird auf *corporations* bezogen, was sich aus der Satzlogik ergibt. Rein grammatikalisch könnte sich der Infinitiv auch auf *women* beziehen: „... auf Frauen angewiesen sind, die die Positionen ... besetzen können, die ..." Die Aufeinanderfolge von zwei Relativsätzen im Deutschen wirkt aber sehr unbeholfen.
→→ AB 9 „Infinitiv", S. 47

Metaphorik

18. *the executive suite* – auch: Spitzenpositionen

19. *a recent wave of* – es gibt keine „Welle" von Programmen.

Wortwiederholungen

20. *the simple fact .... simply cost more* – im Deutschen Wiederholungen vermeiden!
→→ Text 6 „Present Yourself", S. 43
→→ Teil II „Stilebene", S. 128–129

Abschließende Übungen

Nachdem Sie Ihre Lösungen überprüft haben, fangen Sie nochmal von vorne an – und versuchen Sie es diesmal ohne Fehler.

> Tip: Man lernt durch Verbessern und Wiederholen – nicht durch Verbessern und Vergessen.

Die Prüflinge wählten für *jobs*:
Arbeitsplätze
Positionen
Berufe

und verbanden damit kunterbunt:
auffüllen, **ergreifen,** bestreiten, *besetzen*, **tätig sein in**, *einnehmen*, übernehmen, ausfüllen, füllen, *bekleiden,* beherrschen, belegen, üben, **ausüben**

Welche Kollokationen wären – unabhängig vom Text – möglich? (Die zusammenpassenden Wörter haben dasselbe Druckbild.)

Problem Adjektiv:

managerial ranks
managerial and technical jobs
a recent wave
valuable employees
simple fact

Überprüfen Sie noch einmal, was aus den englischen Attributen im Deutschen wurde!

Wie würden Sie den folgenden Satz aus einem anderen Prüfungstext übersetzen?

The play tells of twins separated at birth, one to grow up in the slums, the other in the comfort of the managerial class.

Eine Übersetzung finden Sie bei den Musterlösungen zum AB 9 „Infinitiv", Satz 6, S. 147

→→ AB 8 „Wortartenwechsel", S. 40

Arbeitsblatt 1

while = während?

Nicht immer ist es so einfach!

Die Konjunktion „while“:
temporal – während
adversativ – während .... doch
wenn auch
zwar ...... aber
wogegen, indes
obwohl

Das deutsche „während“ kann wie das englische „while“ adversativen (gegensätzlichen) Charakter haben. Der Aspekt der Gleichzeitigkeit schwingt jedoch auch bei adversativem „während“ immer mit. Ohne ein zusätzliches „zwar, aber, doch“ wird – besonders wenn es den Satz einleitet – „während“ spontan temporal aufgefaßt und ist deshalb leicht mißverständlich.

Verwenden Sie bei Ihrer Übersetzung, wenn es nicht um Gleichzeitigkeit geht, andere Konjunktionen!

1. While the strike as an industrial weapon is by no means dead, it is unlikely to be used again with the frequency it was in the Seventies.
2. The nuclear threat, while far from gone, is receding.
3. While Mozart has never wanted for appreciation among sophisticates, it is only now that the full extent of his brilliance is being acknowledged.
4. While the politicians wring their hands and worry about the constitution, others are willing to act.
5. While some spectacular views remain, the landscape is frequently marred by factories spewing effluent.
6. While the police say that xenophobia is not at the heart of the attacks, many visitors are not convinced.
7. Students tend to translate word for word, get hopelessly lost in a maze of syntax, and, while not surprised at the amount of red ink adorning their homework when it is returned, have no idea how to remedy the situation.
(Smith/Klein-Braley *In Other Words*: 142)
8. While the Continental part of the EC will be opening its internal borders, in Britain the frontier controls for arriving travellers will remain very firmly in place.

Text 2: Atomic Bomb
Textsorte: Abstract

Ausgangstext und Übersetzungsauftrag

Mark Walker, Legends Surrounding the German Atomic Bomb

This essay is not a history of the German efforts to create and employ nuclear weapons under National Socialism. Instead, it explains why, forty years after the end of the war, we remain so concerned and disturbed by the question of whether German scientists would have made atomic bombs for Adolf Hitler. A brief summary of these German efforts during the Second World War is followed by an examination of the postwar statements and interpretations, in particular two ambivalent theses, one apologetic, the other polemic, which have dominated our understanding of the German atomic bomb. In conclusion, it is argued that present economic, political, ideological, and social concerns must be invoked in order to explain the persistence of the Myth of the German Atomic Bomb.

Übersetzen Sie dieses Abstract eines in den 80er Jahren erschienenen Artikels des amerikanischen Historikers Mark Walker für eine deutsche Zeitschrift, in der die Übersetzung wiederum als Abstract abgedruckt werden soll.

Bevor Sie mit dem Übersetzen anfangen, beantworten Sie bitte folgende Fragen:

1. – Wer hat den Artikel geschrieben und für welche Leser hat er ihn geschrieben?
   – Wann wurde der Artikel geschrieben und welche Zeit behandelt er?
   – Welche Konsequenzen ergeben sich daraus, daß Ihre Übersetzung eine andere Leserschaft, einen anderen Adressaten, hat?
2. Welche Textnormen sind für die Textsorte „Abstract" relevant?

→→ Teil II „Abstract", S. 88–89

Selbst wenn Sie sich alle diese Gesichtspunkte vergegenwärtigt haben, wird Ihr erster Übersetzungsversuch eine Rohübersetzung sein. Das ist gar nicht anders möglich! Im zweiten Schritt überarbeiten Sie die Rohübersetzung, um zu einer druckreifen Lösung zu gelangen.[1]

[1] Wir haben bewußt die Textsorte „Abstract" an den Anfang gestellt, einerseits weil Abstracts in der Praxis einen immer breiteren Raum einnehmen, andererseits aber auch weil das Übersetzen und vielmehr noch das Anfertigen von Abstracts für den Übersetzer in der Ausbildung von immensem Gewinn sind. Allerdings stellt gerade die komprimierte Darbietung der Information hohe Anforderungen an den Übersetzer!

Kommentierte Musterlösung

Mark Walker, Legenden um die deutsche Atombombe

Es handelt sich hier nicht um eine *geschichtliche Darlegung* der *Bemühungen* Deutschlands zur Zeit des *Nationalsozialismus um den Bau und den Einsatz von Atomwaffen.* Vielmehr *wird eine Erklärung* für die Tatsache *gegeben*, daß heute, 40 Jahre nach *Kriegsende, die Frage*, ob deutsche Wissenschaftler für Adolf Hitler Atombomben entwickelt hätten, *für uns Amerikaner immer noch so beunruhigend ist.*
Einer kurzen Zusammenfassung dieser Bemühungen der Deutschen während des Zweiten Weltkriegs schließt sich eine Analyse der *Meinungsäußerungen* nach dem Krieg an, insbesondere zweier *gegensätzlicher* Thesen, ein*er apologetischen* und ein*er polemischen*, die die *Meinungsbildung* zu dieser Problematik stark geprägt haben. Abschließend wird dargelegt, daß *als Erklärung für den immer noch bestehenden Mythos* um die deutsche Atombombe gegenwärtige *wirtschaftliche, politische, ideologische* und *gesellschaftliche* Aspekte herangezogen werden müssen.

I. Textexterne Faktoren

Die Zielgruppe des Ausgangstextes ist nicht identisch mit der Zielgruppe des Zieltextes!

Daraus ergibt sich folgende Problematik: Der Artikel ist von dem amerikanischen Historiker Mark Walker für eine anglo-amerikanische Leserschaft geschrieben worden. Alle Personalpronomen, wie z.B. bei *we remain concerned*, beziehen sich deshalb auf diese Leserschaft und nicht auf Deutsche. Gerade bei diesem Text ist das ein sehr brisanter Unterschied! Deshalb unpersönlich übersetzen oder mit „wir Amerikaner“ oder „die anglo-amerikanische Welt“.

II. Textinterne Faktoren

1. textsortenspezifische Faktoren

Nominalstil

➜➜ Teil II „Nominalstil“, S. 109–110

Beispiele:
Überschrift: Kein Nebensatz!

Z. 1/2 Bemühungen/Anstregungen ... um den Bau und den Einsatz ...

Z. 3 Es wird eine Erklärung gegeben ...

Z. 3/4 die Frage ... immer noch so beunruhigend ist ...

Z. 10 als Erklärung

Komposita

finden im Deutschen überhaupt eine häufigere Verwendung und natürlich in einem solchen Text ganz besonders: Atombombe, Nationalsozialismus, Atomwaffen, Kriegsende, Meinungsäußerungen, Meinungsbildung.

Hendiadyoin

➜➜ Teil II „Rhetorische Stilmittel“, S. 116

Z. 3 *concerned and disturbed*

Z. 5/6 *statements and interpretations*

Da es sich hier um einen Sachtext handelt, der im Deutschen möglichst knapp und präzise formuliert werden sollte, das Hendiadyoin möglichst mit **einem Begriff** wiedergeben!

➜ AB 2 „Hendiadyoin“, S. 18

Fremdwörter

➜➜ Teil II „Fremdwort“, S. 118–121

In einem Sachtext können Fremdwörter übernommen werden, wenn sie im Deutschen die gleiche Bedeutung haben und die Stilebene gewahrt bleibt.

Z. 6/7 *ambivalent*, *apologetic*, *polemic* – Grundsätzlich könnten diese Fremdwörter übernommen werden, es stellt sich jedoch die Frage, ob nicht das Wort *ambivalent* (doppelwertig, das Gegenteil miteinschließend) im Englischen falsch gebraucht wurde. Dem Textverständnis nach müßte es heißen „gegensätzlich“, und man könnte auch die Begriffe „rechtfertigend“ und „beschuldigend“ verwenden, um den Gegensatz deutlicher zu machen.

! Kommt die Übersetzerin nach sorgfältiger Überprüfung zu dem Schluß, daß der englische Text einen sachlichen oder logischen Fehler enthält, dann muß sie diesen unbedingt im Deutschen berichtigen.

Z. 1 *nuclear* – Nuklearwaffen; dieser Ausdruck war zur Zeit des Nationalsozialismus nicht gebräuchlich.

2. allgemeine übersetzungstechnische Probleme

Einzelne Begriffe

Z. 1 *essay* – hier nicht: Aufsatz, sondern Artikel, Abhandlung, Darlegung

Z. 1 *to create* – hier: bauen, entwickeln

Z. 3 *remain* – hier nicht: bleiben

➜➜ Text 1 „Einstiegstest“, S. 12

Z. 8 *economic*, *political*, *ideological*, *social* – Politisch und ideologisch können natürlich ins Deutsche übernommen werden. Vorsicht jedoch in allen Texten mit *economic* und *social*, diese Begriffe können nicht immer mit ökonomisch und sozial wiedergegeben werden;
hier: wirtschaftlich und gesellschaftlich.

➜ AB 3 „social“, S. 19

Wortartenwechsel

Z. 1 *history* – geschichtliche Darlegung

Z. 9 *to explain the persistence of the Myth* – als Erklärung für den immer noch bestehenden Mythos

➜➜ AB 8 „Wortartenwechsel“, S. 40–42

III. Deutsche Grammatik und Rechtschreibung

Apposition

steht im selben Kasus wie das Bezugswort:

Z. 7/8 insbesondere (die Analyse) zwei**er** ambivalent**er** Thesen, ein**er** apologetisch**en** und ein**er** polemisch**en**, die ...

National Socialism – Nationalsozialismus
Second World War – Z/zweiter Weltkrieg
World War II – 2. Weltkrieg

Hatten Sie Schwierigkeiten mit den nominalen Strukturen? **Dann bringen Sie Ihr Deutsch in Hochform!** Bearbeiten Sie jetzt gleich die Übungen in Teil II zum Nominalstil, S. 110–112.

Arbeitsblatt 2

Hendiadyoin

Fame and Fortune – Ruhm und Reichtum

Nicht immer geht das Übersetzen so leicht!

Bevor Sie die Sätze übersetzen, lesen Sie sich bitte in Teil II, S. 113, die grundsätzlichen Überlegungen zu den **rhetorischen Stilmitteln** durch, und entscheiden Sie dementsprechend im Deutschen:

- Hendiadyoin
- ein anderes Mittel der Verstärkung, wie z.B. ein Kompositum, ein verstärkendes Adverb oder Attribut
- nur ein einzelner Begriff

1. The *r*omantic *r*uins of Teutonic *r*amparts along the *R*hine *intrigue and excite* the imagination.
2. Hitler's *ranting and raving* rhetorics worked enough disastrous black magic to send his audiences out of the stadium to conquer the world.
3. So many so-called journalists, who had been official toadies for so long, were merely following new *charter and instruction*.
4. In the U.S. the fin de siècle had a different *tone and temper*.
5. *Dialogue* is a quarterly journal of significant *thought and opinion* on social, political, economic and cultural issues in the U.S.
6. One of eight children born into a poor black family in Kansas City, he has *scratched and struggled* his way up.
7. To the *shame and sorrow* of the German film industry, the best popular entertainment is quite simply to be found on the box.
8. The abundance of TV stars who have returned to the *risks and rigours* of the live stage is amazing.

Arbeitsblatt 3

social

Wählen Sie das passende Wort: sozial – gesellschaftlich – Gesellschafts-/der Gesellschaft – oder ganz anders?

1. Agriculture and health are issues of great political sensitivity and social importance.
2. Man is a social animal.
3. Public schools are socially divisive. (BE)
4. Only a simple-minded person could shrug it off as nothing more than a side effect of the open and permissive social mode that emerged in the 1960s.
5. Spurred by changing social mores, as well as simple economic necessity, growing legions of men are rejecting the notion that father is the peripheral parent.
6. To be sure, the 50-50 family is still unusual, and both social and personal forces will probably keep it that way for years.
7. Brandt was driven by a strong social conscience, reinforcing his belief, forged in early struggles against Hitler, that Germany must redeem itself by contributing to peace.
8. It is sad that for black kids social success should depend partly on academic failure.
   (Vorsicht: *social* bezieht sich hier nicht auf die ganze amerikanische Gesellschaft!)

Text 3: New York City
Textsorte: Nachricht

Ausgangstext und Übersetzungsauftrag

New York City's Minorities Have Become Its Majority

New York Times Service

NEW YORK – The number of Hispanic residents in New York City grew 26.8 percent in the 1980s as minority groups became a majority of the city's population for the first time, census figures show.

The figures confirm a historic shift expected by population experts after nearly half a century of whites leaving the city. The succession of European groups who founded New York and dominated it for centuries now has been transformed into a racial minority.

Within the city's mix of races and ethnic groups, non–Hispanic whites declined 14.2 percent and are no longer a majority, but they remain the largest group, with 43.2 percent of the population, down from 52.4 percent in 1980.

Non-Hispanic blacks make up 25.2 percent, up from 24 percent. But after a decade of continued immigration from the Caribbean and Central America, Hispanic groups now rival blacks with 24.4 percent, up from 19.9 percent. Asians constitute 6.9 percent of the total.

"Put it in perspective, and you end up with the conclusion that New York City is by far the most ethnically and racially diverse city in the world," said Richard L. Schaffer, director of the Department of City Planning.

Economists say the new diversity is likely to have large economic consequences for the city.

"New immigrants do not simply replace old residents in the same jobs," said Rosemary Scanlon, the chief economist of the Port Authority of New York and New Jersey. "They alter the economic mix."

"Look at the way Italians shaped the construction industry or, more recently, how Koreans have changed green groceries," she said. "They work longer hours and display their products in new ways. It's a different kind of business."

According to the Census Bureau, there were 3, 163, 125 non-Hispanic whites living in New York City in 1990, in a population of 7, 322, 564.

Übersetzen Sie den Artikel aus der *International Herald Tribune* vom 23.3.91 für eine seriöse deutsche Tageszeitung.
Zur Übung übersetzen Sie bitte die ersten beiden Absätze ohne Hilfsmittel. Lesen Sie sich erst dann den deutschen Modelltext durch. Sie werden erkennen, wie hilfreich ein solcher Modelltext sein kann!

Um Ihnen das Übersetzen zu erleichtern, hier noch einige Informationen und Fragen:

Textexterne Faktoren

Alle 10 Jahre findet in den USA eine Volkszählung statt, die letzte wurde 1990 durchgeführt. Diese Volkszählungen haben übrigens bisher die amerikanische Bevölkerung in keiner vergleichbaren Weise wie in der ehemaligen BRD in Aufregung versetzt. Die Ergebnisse wurden im Frühjahr 1991 publiziert, und im März 1991 finden sich eine Vielzahl von Artikeln sowohl in englischsprachigen als auch in deutschen Zeitungen, die sich mit den Ergebnissen in der Form einer Nachricht oder eines Kommentars befassen.

Textinterne Faktoren

- Welche Textnormen sind für die Textsorte „Nachricht" relevant? Erinnern Sie sich noch? Sonst bitte das Gedächtnis auffrischen: ➔➔ Teil II „Nachricht – Bericht", S. 90–91
- In welchen Punkten weicht der folgende Artikel von diesen typischen Merkmalen ab?

Weniger Weiße in New York

Erstmals sind sie nicht mehr in der absoluten Mehrheit

New York (AFP) – Erstmals in der Geschichte der Stadt New York stellen die Weißen nicht mehr die absolute Bevölkerungsmehrheit in New York. Ihre Zahl ging in den letzten zehn Jahren um 500 000 auf 3,16 Millionen zurück, berichtete die *New York Times*. Das Blatt berief sich auf korrigierte Ergebnisse der Volkszählung von 1990. Damit stellen die Weißen nichthispanischer Herkunft 43,2 Prozent der 7,32 Millionen Einwohner New Yorks. Bei der letzten Zählung 1980 waren noch 52,4 Prozent der Einwohner Weiße. Als Gründe für den Rückgang der weißen Bevölkerung in der größten Stadt der USA nennt die *New York Times* die niedrige Geburtenrate bei den Weißen, die Abwanderung in weniger gefährliche Vororte und die wachsende Zahl derjenigen, die nach der Pensionierung nach Florida übersiedeln.

Vor allem ist diese Entwicklung aber auf das starke Anwachsen der hispanischen Bevölkerung zurückzuführen, die mittlerweile 24,4 Prozent der New Yorker stellt. In den vergangenen zehn Jahren wurde für diese Bevölkerungsgruppe ein Zuwachs von 380 000 auf 1,78 Millionen Menschen verzeichnet. Ein geringeres Anwachsen wurde bei der schwarzen Bevölkerung New Yorks festgestellt. Sie stellt heute mit 1,84 Millionen Menschen 25,2 Prozent der Bevölkerung New Yorks. Am stärksten wuchs die zahlenmäßig kleinste Minderheit der Stadt an: Die Bevölkerung asiatischer oder pazifischer Herkunft (zum Beispiel aus Vietnam) verdoppelte sich von 3,4 auf 6,7 Prozent.

Die Stadtverwaltung von New York bestreitet die Ergebnisse der Volkszählung. Ihrer Darstellung zufolge liegt die Einwohnerzahl der Stadt weit über 7,32 Millionen, der prozentuale Anteil der weißen Einwohner noch niedriger als 43 Prozent, da ganze Stadtviertel von den Zählern nicht berücksichtigt wurden. Bei diesen Vierteln handele es sich um Armenviertel, in denen fast ausschließlich Angehörige ethnischer Minderheiten lebten.

Kommentierte Musterlösung

New Yorks Minderheiten werden zur Mehrheit

Den Ergebnissen der Volkszählung zufolge wuchs der *hispanische Bevölkerungsanteil* in New York in den 80er Jahren auf *24,4%* an; *damit* wurden zum ersten Mal die Minderheiten der Stadt zur *Bevölkerungsmehrheit.*

Die Zahlen belegen einen historischen Wandel, den die Demoskopen *nach fast 50 Jahren ständigen Abwanderns der Weißen aus der Stadt* erwartet hatten. Die vielen aufeinanderfolgenden Gruppen europäischer Einwanderer, die New York gründeten und jahrhundertelang *die Macht in den Händen hielten*, sind jetzt zu einer *ethnischen Minderheit* geworden. Innerhalb *der ethnischen Zusammensetzung der Stadt* hatten die *Weißen nichthispanischer Herkunft* einen *Rückgang* um *9,2%* zu *verzeichnen* und *stellen damit nicht mehr die Mehrheit*, sie bilden jedoch nach wie vor den größten Bevölkerungsanteil mit 43,2% gegenüber 52,4% im Jahr 1980.

Nichthispanische Schwarze verzeichnen einen *Zuwachs* von 24% auf 25,2%. Nach einem Jahrzehnt ständiger Einwanderung aus der Karibik und Mittelamerika erreichen die *hispanischen Volksgruppen* jedoch jetzt mit *24,4%*, einem *Zuwachs* von 4,5%, fast den Anteil der Schwarzen. Asiaten stellen 6,9% der Gesamteinwohnerschaft. „Bei eingehender Betrachtung muß man letztendlich den Schluß ziehen, daß *New York mit Abstand die Stadt in der Welt ist, die die größte ethnische Vielfalt aufweist*", so Richard I. Schaffer, Leiter des *Planungsreferats der Stadt.*

Wirtschaftsexperten sind der Meinung, daß diese neue Vielfalt wahrscheinlich *weitreichende wirtschaftliche* Folgen für die Stadt haben wird.

„Die neuen Einwanderer ersetzen nicht einfach die alten Einwohner am gleichen Arbeitsplatz", *gibt* Rosemary Scanlon, die Wirtschaftsexpertin der *Hafenbehörde* von New York und New Jersey, *zu bedenken.* „Sie verändern das Gefüge der Wirtschaft. Man muß sich nur einmal ansehen, wie die Italiener der Bauindustrie ihren Stempel aufgedrückt haben, oder, um ein Beispiel aus jüngster Vergangenheit zu nennen, wie die Koreaner die Gemüsegeschäfte verändert haben. Sie arbeiten länger und stellen ihre Ware auf andere Weise aus. Es ist eine ganz andere Art von Geschäft." *Dem Census Bureau, dem Statistischen Bundesamt,* zufolge lebten 1990 bei einer Gesamteinwohnerschaft von 7.322.564 3.163.125 *Weiße nichthispanischer Herkunft* in New York.

I. Textexterne Faktoren

Die Bezeichnung ethnischer Minderheiten ist in den USA ein großes Problem. Immer wieder neue Bezeichnungen sind „richtig" (*politically correct* = *PC*). Genauso schwierig ist die Übersetzung ins Deutsche. In diesem Fall hilft nur das Lesen aktueller Texte. Sammeln Sie also Zeitungstexte, die sich mit diesem Thema befassen, und aktualisieren Sie mit deren Hilfe die Liste auf AB 4, S. 25. Achten Sie beim Übersetzen auch auf den jeweiligen Kontext, z.B. auf die Zeit, aus der der Text stammt.

Z. 1 *Hispanics* werden alle Einwanderer aus Lateinamerika genannt. Dabei kommt es allein auf den Geburtsort an: so werden z.B. auch Singhalesen aus Trinidad und Deutschstämmige aus Südbrasilien als *Hispanics* bezeichnet. Allein die richtigen Spanier sind keine *Hispanics*.

Anbei: Mit Hispanien wurde im Altertum die Pyrenäenhalbinsel bezeichnet.

Z. 9 *racial minority* – ethnische Minderheit. Im Deutschen gibt es seit der Hitlerzeit einige Tabuwörter; dazu gehören zum Beispiel Führer, völkisch, rassisch etc.
Rasse wird in letzter Zeit auch vermieden und in aktuellen deutschen Texten meist mit ethnisch, kulturell + Subst. oder Kultur/-, (verschiedene) Hautfarbe übersetzt.

Z. 10 *the city's mix of races and ethnic groups* – *Ethnic* hat im Englischen eine Bedeutungsverengung erfahren, im Deutschen nahm das Wort „ethnisch" eine genau gegenläufige Entwicklung, erfuhr eine Bedeutungserweiterung.

ethnic
Früher: Bezug auf Rassen, Völker, Stämme.
Heute überwiegend:
1. Bezug auf bestimmte Aspekte dieser Gruppen, vor allem auf Kleidung, Essen, Getränke;
2. fremdländisch, exotisch.

ethnisch
Früher: nur bestimmte Aspekte einer Volksgruppe.
Heute überwiegend: Bezug auf Rasse, Völker, Stämme, Ersatz für rassisch, Rasse;
also: Z. 8 die ethnische Zusammensetzung der Stadt.

II. Textinterne Faktoren

1. textsortenspezifische Faktoren

Nominalstil

➔➔ Teil II „Nominalstil", S. 109–110

Beispiele:
Komposita
Z. 1 Bevölkerungsanteil
Z. 3 Bevölkerungsmehrheit
Z. 14 Volksgruppe

Substantivierter Infinitiv
Z. 5 Abwandern

Deverbativa
Z. 9 Rückgang
Z. 12 Zuwachs

Funktionsverben
Z. 9 Rückgang verzeichnen

Attribute
Z. 4/5 nach fast 50 Jahren ständigen Abwanderns der Weißen aus der Stadt

s-Genitiv in der Überschrift
Im Englischen wird der *s*-Genitiv auch bei Staaten, Städten und Institutionen, die als Personenkollektive angesehen werden, angewendet. Damit werden diese Begriffe personifiziert. Im Zeitungsenglisch – und das trifft in diesem Fall zu – wird der *s*-Genitiv vor allem in Schlagzeilen aus Platzgründen gegenüber dem *of*-Genitiv vorgezogen.

➔➔ Teil II „Rhetorische Stilmittel", S. 115

2. allgemeine übersetzungstechnische Probleme

Konjunktion *as*

As kann zwei logische Verhältnisse ausdrücken:

a. ein temporales: als, während
b. ein kausales: da, weil

Häufig – besonders in Verbindung mit *present tense* – werden diese beiden Aspekte miteinander verknüpft. Es wird zum Ausdruck gebracht, daß es sich um **zwei gleichzeitig ablaufende und voneinander abhängige Vorgänge** handelt (wie hier im Text Z. 2). In diesem Fall bieten sich vor allem folgende Konjunktionen an:
im gleichen Maße, im gleichen Zeitraum, je ... desto, (so) wie oder freier wie bei unserer Übersetzung mit „damit" oder ähnlichem.

➔ AB 5 „as", S. 26

Konnotationen

➜➜ Teil II „Denotation – Konnotation“, S. 136–137

Z. 8 *dominated*
beherrschen – zu stark
vorherrschen – fast wie bei einer Gattung, besser: Vorherrschaft
das Sagen haben – ugs.
das Geschick bestimmen – anschaulich, gehoben;
die Macht in den Händen halten – anschaulich, schriftsprachlich.

Kollokationen

➜➜ Teil II „Kollokation“, S. 132–133

Z. 23 *large* – hier: weitreichende, tiefgreifende Folgen

Fehler im Original

Z. 2 *grew 26.8 %* – Z. 17 24,4 % entweder auch 24,4 % oder um 22,6 % gestiegen

Z. 11 *declined 14.2 percent* – entweder 9,2 % oder 17,55 %

Hier muß sich der Rechenkünstler ans Werk machen. Beziehen sich die Prozentzahlen auf die Gesamtbevölkerung oder auf die jeweilige Volksgruppe? Wenn Sie die Zahlen nachrechnen, werden Sie feststellen, daß sie so oder so nicht stimmen. In einem solchen Fall müssen Sie recherchieren. Wenn das nicht möglich ist, berichtigen Sie die Zahlen selbst.
➜➜ Text 2 „Fehler im Original“, S. 17

Wortartenwechsel

Z. 20 *New York City is by far the most ethnically and racially diverse city*
- die Stadt, die die größte ethnische Vielfalt aufweist
- die ethnisch am vielfältigsten zusammengesetzte Stadt
- die Stadt mit den meisten verschiedenen Kulturen;

diverse läßt sich im Deutschen im Zusammenhang mit „Stadt“ nicht als Adjektiv übersetzen.

Wortwiederholungen

Z. 21 und Z. 26 *said* – im Deutschen keine Wiederholung, ersetzen Sie *said* durch ein ausdrucksstärkeres Verb.
➜➜ Teil II „Stilebene“, S. 129

Einzelne Begriffe

Z. 12 *remain* – hier nicht: bleiben
➜➜ Text 1 „Einstiegstest“, S. 12

Z. 24 *economic* – hier nicht: ökonomisch, sondern: wirtschaftlich
➜➜ Text 2 „Atomic Bomb“, S. 17

Z. 23 *economists* – je nach Kontext: Wirtschaftswissenschaftler, Volkswirtschaftler, Ökonomen, Wirtschaftsexperten

Unika

➜➜ Teil II „Unika“, S. 122–123

Z. 22 *Department of City Planning* (Mögl. 2)

Z. 27 *Port Authority of New York* (Mögl. 2)

Z. 34 *Census Bureau* (Mögl. 5)

Tip: Sammeln und horten Sie für Ihre „Schatztruhe“!

(Eine moderne Variante einer Schatztruhe ist zum Beispiel eine Kartei oder – noch praktischer – eine Datei Ihres Textverarbeitungssystems.)

1. deutsche Entsprechungen

für englische Begriffe wie:
blacks, whites, Hispanics etc.
➜ AB 4, Liste der Bezeichnungen für einzelne Bevölkerungsgruppen

2. Kollokationen und Fachtermini wie:

Bevölkerungsmehrheit/% stellen
Zahl der ... ging um ... auf ... zurück
Zahl der ... ist um ... auf ... gesunken
ein Rückgang um ...

einen Zuwachs von ... auf ... verzeichnen
Zahl der ... um ... auf ... gestiegen
ein Anwachsen um ...

Erweitern Sie diese Liste.

3. Modelltexte

zu Themen, die Ihnen relevant erscheinen. Auf diese Texte können Sie dann jederzeit zurückgreifen.

Wollen Sie sich intensiver mit dem Problem „Kollokation“ beschäftigen?
Dann gibt es ein kleines Fitnessprogramm für Ihre Ausdrucksweise!
Bearbeiten Sie jetzt gleich die Übungen in Teil II zur Kollokation, S. 133–135.

Arbeitsblatt 4

race – racial – ethnic
Bezeichnungen für ethnische Minderheiten

Aktualisieren und ergänzen Sie die folgenden Liste

Native Americans	Indianer
Indigenous People	indigene Bevölkerungsgruppen
Hispanics	hispanische Bevölkerung
Latinos	Latinos (so bezeichnet die hisp. Bevölkerung sich selbst)
non-Hispanic whites	Weiße nichthispanischer Herkunft
non-Hispanic blacks	Schwarze nichthispanischer Herkunft
black man, black male	der Schwarze, der männliche Schwarze
black woman	die Schwarze
Afro-Americans, African Americans	Angehörige der afro-amerikanischen Minderheit, Afro-Amerikaner
minority groups	Minderheiten
racial minority	ethnische Minderheit
ethnic groups	ethnische Gruppen, Volksgruppen, Bevölkerungsgruppen
multicultural, multiracial society	multikulturelle Gesellschaft

Und jetzt übersetzen Sie

1. It is the most recent attempt to make the school more broadly reflect the country's growing ethnic and racial differences.
2. Mr Taylor's painful progress towards Parliament is evidence that class is far, far more important in Britain than race.
3. As their numbers have grown, Hispanics have become more strident in their demands for a larger slice of the economic and political pie.

4. America's cities have the problem of an underclass, largely black and Hispanic, cut off geographically and socially from the mainstream world of work.
5. The citizens of Georgia, one of the smallest former Soviet republics, face bloody ethnic strife and political turmoil in their reach for democracy under their own flag.
6. A vicious, organised attack by a mob on a hostel for immigrants reveals the growing racial hostility in Germany.
7. No other country in the world is peopled by a greater variety of races, nationalities, and ethnic groups than the U.S.
8. The "stigma" of being white and male is apparently taking ever deeper hold as blacks, Hispanics and other minority groups, not to mention women, demand and gain an ever greater say in the workplace and elsewhere.

Arbeitsblatt 5

as: teils temporal – teils kausal

temporal: als
während
nun, da

kausal: da
dadurch, daß
angesichts

beide Aspekte: in gleichem / dem Maße wie …
im gleichen Zeitraum …
je … desto; so … wie
bei + Substantiv; mit + Substantiv

Suchen Sie nach der treffenden logischen Verknüpfung

1. Headlines: "Hundreds Die As Freight Plane Explodes" – "Share Prices Plummet As News Of Siemens Scandal Bursts"
2. White American males are suffering from growing feelings of anxiety as they observe the relentless advance of minority power.
3. Her waist is thicker, has less of a dip, as she grows into that barrel body of women in late middle age …
(Updike *Rabbit At Rest*: 4)
4. J. Simon is like the guy who jumps off the Empire State Building and says how great things are going so far as he passes the 10th floor.

5. The sense that a precarious existence will become even more so as ethnic strife grows in the former Soviet Union, has been foremost in the thinking of Volga Germans.
6. As this century and millenium slouch wearily toward their end, novelists have been busy making their own prognostications about the future.
7. As the volume of BMWs produced rises, the percentage of parts made in the U.S. will be increased.
8. The simple fact is that as more and more men and women find they can work together creatively, it ceases to matter who is “boss”.

Text 4: Golden Fox
Textsorte: Trivialliteratur

Ausgangstext und Übersetzungsauftrag

A CLOUD OF butterflies rose into the sunlight, the breeze smeared them across the summer sky and a hundred thousand young faces shining with wonder turned upwards to watch them drift overhead.

In the forefront of that vast concourse sat a girl, the girl that he had been stalking for ten days now. A hunter studying his prey, he had come to know with a peculiar intimacy her every gesture and movement, the turn and lift of her head as something caught her attention, the way she cocked it to listen, or tossed it in annoyance or impatience. Now in a new attitude she lifted her face to the glorious cloud of winged insects, and even at this distance he could see the sparkle of her teeth, and her lips formed a soft pink 'O' of wonder.

On the high stage above her the figure in the white satin shirt held up yet another box and, laughing, shook from it a fresh burst of fluttering wings. Yellow and white and iridescent, they bore aloft, and the crowd gasped and 'oohed' afresh.

One of the butterflies toppled and dived; and, though a hundred hands were held out to catch it, it swerved and wobbled down to alight at last on the girl's upturned face. Even above the swelling murmur of the crowd, he heard the girl's happy cry of laughter, and he found himself smiling in sympathy with her.

She reached up to where it sat on her forehead and took it gently, almost reverently, in the cup of her hands. For a moment she held it close to her face, studying it with those indigo-blue eyes that he had come to know so well. Her expression was suddenly wistful, and her lips moved as she whispered to it, but he could not hear the words.

Her sadness was fleeting, and then those lovely lips smiled again and she leapt to her feet and held both hands high above her head, standing on tiptoe. The butterfly hesitated, perched on her outstretched fingertips, pulsing its wings softly on the point of flight, and he heard her voice.

'Fly! Fly for me!' And those around her took up the cry.

'Fly! Fly for peace!'

Wie gefällt Ihnen der Text?

Es handelt sich um die erste Seite des 1990 erschienenen Romans *Golden Fox* des vielgelesenen Bestsellerautoren Wilbur Smith und um das Musterbeispiel eines Trivialtextes.

Höchst dramatisch wird eine recht unwahrscheinliche Geschichte, die von einem Hippiekonzert in London 1969 ihren Ausgang nimmt, um ein junges, begabtes, schönes, reiches Mädchen konstruiert.

Bevor Sie mit dem Übersetzen beginnen, eine Vorüberlegung:

Bei literarischen oder fiktionalen Texten gibt es zwei Möglichkeiten der Übersetzung:

a. entweder eine **ausgangssprachlich orientierte**, möglichst wortgetreue, um bei Texten mit literarischem Anspruch das „dichterische Wort" zu erhalten, oder
b. eine **zielsprachlich orientierte**, „atmosphärische", um die beabsichtigte Wirkung des Textes auf den Leser zu erhalten, wobei dann häufig sehr freie Lösungen notwendig sind.

Da es sich hier um einen Trivialtext handelt, bei dem nicht das einzelne dichterische Wort entscheidend ist, sondern dessen Hauptanliegen die Unterhaltung des Lesers ist, entfällt die erste Methode.
Die **Sogwirkung** dieses Textes muß erhalten bleiben, damit sich auch der deutsche Leser zur Lektüre und damit zum Kauf des Buches animiert fühlt.

! Stellen Sie sich vor, Sie, mit Ihrer Übersetzung, tragen entscheidend zum Erfolg oder Mißerfolg des Buches auf dem deutschen Markt bei!

Es geht also darum, den Stil und Ton des Textes zu treffen, d.h. die Mischung aus Rührselig-Pathetischem und Männlich-Hartem in einer zwar gehobenen, aber vertraut stereotypen Sprache wiederzugeben.

Und nun noch zwei Aufgaben:

a. Lesen Sie sich das Theoriekapitel zur Trivialliteratur Teil II, S. 92–93, und zu den rhetorischen Stilmitteln Teil II, S. 113–116, durch.
b. Lesen Sie den Text noch einmal genau durch und streichen Sie alle rhetorischen Mittel an, die Sie finden. (Sie werden staunen!)

Kommentierte Musterlösung

Eine *Wolke von Schmetterlingen flog dem Sonnenlicht entgegen, ein Windhauch wirbelte sie über den Sommerhimmel,* und *Tausende von Staunen erfüllte, strahlende junge Gesichter* wandten sich nach oben, um sie vorüberschweben zu sehen.
Ganz vorne in dieser riesigen Menschenmenge saß ein Mädchen, das Mädchen, dem er nun schon zehn Tage lang *nachgespürt hatte*. Gleich einem Jäger, der seine Beute *belauert*, war er auf eigentümliche Weise *vertraut geworden* mit jeder ihrer Gesten und Bewegungen, mit der Art, *wie sie* ihr Köpfchen drehte und hob, *wenn* etwas ihre Aufmerksamkeit erregte, *wie sie* es zur Seite legte, *wenn* sie zuhörte, oder es vor Ärger und Ungeduld in den Nacken warf. Nun wandte sie das Gesicht auf eine ihm noch unbekannte Weise empor zu der *wundersamen Wolke geflügelter Wesen*, und selbst auf diese Entfernung konnte er sehen, wie ihre *strahlend weißen Zähne aufblitzten und ihre Lippen sich zu einem weichen rosigen „Oh" des Staunens* formten.
Hoch über ihr auf der Bühne hielt die *Gestalt* im weißen Satinhemd *nochmal ein Kästchen* empor und *entließ lachend erneut* einen *Schwall flatternder Flügel. Gelb und weiß schillernd* stiegen sie in die Lüfte, und wieder brach die Menge in Rufe des Entzückens aus.
Einer der Schmetterlinge *taumelte* und segelte nach unten, und hundert Hände wurden ausgestreckt, um ihn aufzufangen, aber er *wirbelte in Bögen* an ihnen vorbei, um sich schließlich sanft auf dem emporgewandten Gesicht des Mädchens niederzulassen. Selbst aus dem

anschwellenden Gemurmel der Menge heraus hörte er das glückliche Auflachen des Mädchens, und *unwillkürlich stimmte er in ihr Lachen ein.*

Sie griff nach dem Schmetterling auf ihrer Stirn und nahm ihn behutsam, fast ehrerbietig in die hohle Hand. Einen *Augenblick* lang hielt sie ihn nah ans Gesicht, betrachtete ihn genau mit ihren tiefblauen Augen, *die ihm, ihrem heimlichen Beobachter, inzwischen so wohlbekannt* waren. Ein Ausdruck der *W*ehmut überzog plötzlich ihr Gesicht, und ihre Lippen bewegten sich *und flüsterten dem geflügelten Wesen* etwas zu, was er nicht hören konnte.

Ihre Traurigkeit ver*fl*og schne*ll*, und wieder *l*ag ein *L*ächeln auf diesen *wundervollen Lippen,* und sie sprang auf, reckte auf Zehenspitzen stehend beide Hände hoch empor. Der Schmetterling zauderte, sich auf ihren Fingerspitzen wiegend, mit pulsierenden Flügeln bereit zum Flug, und da hörte er ihre Stimme.

„Flieg! Flieg für mich!" Und die um sie herum nahmen den Ruf auf.

„Flieg! Flieg für den Frieden!"

1. textsortenspezifische Faktoren des Ausgangstextes

Wilbur Smith versteht es meisterhaft, in dieser ersten Szene das Klischeebild eines Hippiekonzerts mit einer Mischung aus unbestimmter Friedenssehnsucht und erotischer Stimmung entstehen zu lassen und die Aufmerksamkeit des Lesers auf die beiden Gestalten – *the girl and the hunter* – zu lenken.

Die **Sogwirkung** des Textes wird durch den gehäuften Einsatz klischeehafter Bilder und rhetorischer Stilmittel erreicht.

Klischees

Die Personen und der Ort der Handlung werden nicht beschrieben, sondern durch stereotype Versatzstücke nur evoziert:
summer sky ..... sunlight ..... butterflies
hands ..... lips ..... faces
hunter ..... prey
white satin shirt

klischeehafte Wortverbindungen:
lovely lips – sparkle of teeth – happy laughter – fleeting sadness – soft pink 'O' – fluttering wings etc.

Rhetorische Figuren

➔➔ Teil II „Rhetorische Stilmittel", S. 113–116

a. Klangfiguren

Alliteration und Assonanz:
Z. 1/2 S-Laute herrschen vor
Z. 2/3, Z. 23 W-Laute
Z. 19 *smiling in sympathy*
Z. 25 *lovely lips*
Z. 26 fünfmal „h"
Z. 27 *perched – pulsing – point*

Lautmalerei:
Z. 15–17 *topple – swerve – wobble – swell*
Z. 9/10 O-Laute des Staunens
Z. 14 *gasped and oohed*

intensivierende Wortwiederholung:
Z. 4 *a girl, the girl* ... (Anadiplose)
Z. 30/31 *Fly! Fly* ... (Anapher)

b. bildliche Figuren

pars pro toto:
Z. 2 *faces*
Z. 12 *burst of fluttering wings*

Metapher:
Z. 8 *cloud of winged insects*

Bild:
Z. 4/5 *... stalking ... a hunter ... prey*

2. textsortenspezifische Faktoren des Zieltextes

Die im AT verwendeten rhetorischen Figuren bergen keinen tieferen Sinn, erzeugen aber getragenes Pathos, das sich teilweise im Deutschen mit denselben Mitteln nachvollziehen läßt, teilweise durch andere Mittel oder an anderer Stelle entstehen kann.

➔➔ Teil II „Rhetorische Stilmittel", S. 113–116

Die klischeehafte Sprache muß beibehalten werden, damit beim deutschen Leser ähnlich stereotype Bilder evoziert werden können.

Klangfiguren

Siehe Kursivdruck in der Musterlösung und hier einige Alternativen:
Z. 1–3 *A cloud of butterflies* – „ein *Sch*warm von *Sch*metterlingen" ahmt zwar die S-Laute des AT nach, aber „Schwarm" verbinden wir mehr mit Bienen.

rose into the sunlight – *st*ieg auf in*s S*onnenlicht ...

smeared ... the summer sky – *W*indhauch *v*erwehte ...
ließ sie tanzen ...
„leichte Brise" assoziieren wir mehr mit Schiffahrt (auf keinen Fall: schmierte ...)

faces shining with wonder ... upwards to watch ... – *st*rahlende und *st*aunende junge Gesichter (nicht: vor Staunen strahlende ...); ein Gesicht kann nur „vor Freude strahlen", nicht: glänzen (das tut es vor Schweiß) oder leuchten (höchstens vor Blässe).

Unpassend:
Verwunderung, Bewunderung, Wundern, Überraschung, Erstaunen – all das kann kein „Strahlen" auslösen.

Vorsicht! Nicht „Hunderttausend/Hunderttausende" – wirkt störend, unnötiger Grad der Differenzierung.[1]

Z. 8 *a glorious cloud of winged insects* – eine herrliche, *w*underbare *W*olke geflügelter *W*esen (nicht glorreich, grandios, überwältigend; nicht: Insekten).

Z. 24/25 *wistful ... whispered ... words – lovely lips smiled* – siehe Musterlösung Z. 26–29: auch im Deutschen herrschen W- und L-Laute vor (nicht: liebliche Lippen – damit würde zwar die Alliteration im AT nachvollzogen, aber „lieblich" ist hier unpassend, sowohl was die Kollokation als auch die viel sinnlichere Bedeutung des Wortes *lovely* anbetrifft).

Z. 27 *perched ... pulsing ... point* – siehe Musterlösung Z. 30/31: ähnliche Assonanzen durch F-Laute – *F*ingerspitzen ... *F*lügeln ... *F*lug.

Klischees/Bilder

Z. 4/5 *stalking ... A hunter studying his prey ...* – Das Bild der Jagd und des Jägers ist auch im Deutschen wiederzugeben. Weitere Möglichkeiten: ... nicht aus den Augen gelassen hatte, wie ein Jäger, der seine Beute genau beobachtet/im Visier hat. Aber auf keinen Fall: studiert.

Vgl. auch folgende Schlagzeilen:
Assassinated Rohwedder Was Stalked Like a Hunter's Prey
Stalking Hussein

Z. 9 *sparkle of her teeth* – Zähne können höchstens „blitzen" oder strahlend weiß sein; sie können nicht: leuchten, glänzen, blinken, funkeln, schimmern.

soft pink – gemeint sind die Lippen, und die sind rosig, rosa, rot oder rosafarben – keinesfalls aber pink, das ist eine Modefarbe.
Beachte! – rosa wird nicht flektiert: „zu einem rosa Oh..."

Satzbau: Parallelismus

Z. 6/7 *the turn and lift ..., the way ...* – Der parallele Satzbau muß auch im Deutschen erhalten bleiben: wie sie ..., wenn ..., wie sie ..., wenn ...

[1] Zum „Grad der Differenzierung" s. Hönig/ Kußmaul: 58 ff.

Prädikatsklammer vermeiden! Also nicht: ... war er ... in den Nacken warf, vertraut.
➔➔ Teil II „Deutscher Satzbau", S. 100–103

3. allgemeine übersetzungstechnische Faktoren

Wortartenwechsel

Kleben Sie nicht an der englischen Wortart!

Z. 11/12 *another box* – hielt nochmal empor
a fresh burst of – schüttete ... erneut
yellow ... white ... iridescent – gelb und weiß schillernd

Z. 19 *he found himself smiling* – unwillkürlich stimmte er ...

Z. 5, Z. 22 *he had come to know* – betont den längeren Prozeß des Vertrautwerdens. Dieser Aspekt muß im Deutschen meist mit einem Adverb wiedergegeben werden: mit der Zeit, inzwischen, im Laufe der Zeit, jetzt langsam.
➔➔ AB 8 „Wortartenwechsel", S. 41, Punkt 1

Das verflixte *it*

Z. 21/22 *studying it ... that he had come to know so well ...* – hier muß im Deutschen eine erklärende Apposition hinzugefügt werden, sonst ist es der Schmetterling, der ihre blauen Augen so gut kennt.

Z. 24 *she whispered to it but he ...* – nicht: flüsterte ihm zu, aber er ... Bei dieser Übersetzung würde sie entweder dem Mann zuflüstern oder der Schmetterling sie nicht hören können.
➔ AB 7 „Das verflixte *it*", S. 34

Einzelne Begriffe/ Wortbedeutung

Z. 19 *smiling in sympathy* – *smile* entspricht häufig dem deutschen „lachen", das ja auch stumm sein kann.
Vgl.: Er lachte über das ganze Gesicht. – *He smiled all over his face.*
Er lachte mich an. – *He smiled at me.*

Z. 11 *figure* – nicht: Figur
➔➔ AB 13 „people", S. 77

Z. 15–16 *toppled ... wobbled* – deutsche Entsprechungen wie „wackeln, stürzen" wären hier viel zu unpoetisch.
➔ AB 6 „Instabilität", S. 33

Konjunktion *as*

Z. 24 *as she whispered* – Aspekt des gleichzeitigen Ineinanders nicht des Nebeneinanders oder Nacheinanders, nicht: als sie ...
➔➔ AB 5 „as", S. 26

Fremdwort

Z. 5 und Z. 21 *studying* – „studiert" wird hier jeweils sicher nicht!

Z. 5 *intimacy* – „Intimität" liegt hier nicht vor!

Z. 8 *cloud of winged insects* – „Insekten" sind für uns eher abstoßend!

Z. 21 *moment* – „Moment" wäre äußerst unpoetisch!

Z. 19 *sympathy* – Vorsicht *false friend*! Vgl.: *to resonate in sympathy* – hat auch nichts mit „Sympathie" zu tun, sondern heißt einfach „mitschwingen".
➔➔ Teil II „Fremdwort", S. 118–121

4. deutsche Grammatik und Rechtschreibung

Beachte:
Tausende von jungen Gesichtern
Hunderttausende von .....
tausend junge Gesichter
hunderttausend ......

Hatten Sie Schwierigkeiten mit den rhetorischen Figuren? **Dann bringen Sie Ihre sprachliche Phantasie zum Erblühen** mit der „Übung zum preziösen Stil" Teil II, S. 116–117.

Arbeitsblatt 6

Wortfeld Instabilität: to topple – to wobble – to boggle

Don't mix them up

to topple –	to topple a government to topple from a height
to wobble –	jelly wobbles
to boggle –	mind-boggling

And there are even more

Im Deutschen wie im Englischen gibt es zahlreiche Verben für den Zustand der Instabilität, nur – sie decken sich leider nicht!

beben	wabbeln	quake	sway
schwabbeln	wackeln	quaver	tremble
schwanken	wanken	quiver	teeter
taumeln	zittern	shake	totter
torkeln		stagger	

Wie würden Sie die folgenden Aussagen über den Grad der „Unfestigkeit" ins Deutsche übersetzen?

a. headlines:

Where The Mind Boggles – Man On The Moon

Government in R.... Toppled!

Hussein Teetering on the Brink of Ruin

Wobbly Knees After Game

b. from fictional texts:

1. His name was a terror that made the dead quake in their graves.
2. Her lips quivered as she tried not to cry.
3. Her quavering voice betrayed her lack of confidence.
4. To his dismay the child saw his tower of building blocks wobble and collapse.
5. I followed the tour guide, whose shoes were four-inch spikes. The mincing, wobbly gait as we climbed the steps to the Capitol, the near-disastrous teetering as we negotiated busy streets, and the fact that she walked barefoot for the last hour of our tour were all compelling evidence for the restrictions that fashion places on women's movement.

Tip: 1. Sammeln Sie deutsche und englische Wortfelder
2. Schlagen Sie die aufgeführten Synonyme in Synonymenlexika nach

Duden, *Sinnverwandte Wörter*
H.W. Klein/W. Friedrich, *Englische Synonymik*
Rudolf Meldau, *Sinnverwandte Wörter*
Webster's Dictionary of Synonyms

Arbeitsblatt 7

Das verflixte „it“: Eine der häufigsten Fehlerquellen

„It“ kann vor allem dann gefährlich werden, wenn Wort für Wort übersetzt wird. Üben Sie das Vermeiden dieser Untugend mit dem Übersetzen der folgenden 10 Sätze.

Aus Gründen der Satzlogik ist im Deutschen häufig erforderlich:
ein Demonstrativpronomen (dies, diese) statt eines Personalpronomens,
ein Demonstrativpronomen (deren, dessen) statt eines Possessivpronomens oder die Wiederholung des Substantivs.

1. The fountain pens that signed away the GDR also wrote finis to *its* bigger, stronger and more successful rival, the Federal Republic. This is not the time to write *its* obituary, however ...

2. If Russia's struggle for democracy fails, *it* will mark a failure of Western democracy as well. It is one of the century's great turning points, and if the U.S. is to prove itself a superpower, it must meet the challenge with the full commitment *it* deserves.

3. Both episodes reconfirmed Genscher's reputation as a politician whose rapport with the public and sensitivity to *its* stirrings are the stuff of political legend. *It is* a sensitivity that has handsomely paid off.

„It" als Mittel der Fokussierung
Die Fokussierung muß im Deutschen mit anderen Mitteln wiedergegeben werden:

Änderung der normalen Wortstellung
Wiederholung eines Wortes
Füllwörter

4. *It was* on 9 Sept. 1791 *that* Thomas Jefferson gave the French architect the go-ahead to lay out a new federal city.

5. *It isn't just that* the Japanese view of U.S. workers is degrading; *it's that* it is wrong – and woefully out of date.

6. "*It is I that* support the household," said a hen one day to herself; "the master cannot breakfast without an egg, and *it is I that* lay it."
(from a fable by Thomas Carlyle)

7. *Why is it that* some people appear to be able to sell their wares to anyone, any place? Others, although they appear to try hard, remain ineffective. *Why is it that* some men are like King Midas, in that everything they touch turns to gold?

Persönliches kann unpersönlich, Aktiv zu Passiv werden

Das Englische bevorzugt Personifizierungen, das Deutsche weniger.
Achten Sie besonders bei „it" darauf!

8. Yet this was an event of historical significance none the less.
It draws the line under the Second World War and the subsequent Cold War.

9. This history of England to which Sir A. Bryant has contributed a foreword is not merely a chronicle of kings and queens. *It sheds light on* the parts played by rebels and reformers, politicians and scientists, artists, craftsmen, and ordinary folk.

10. The theses put forward in this paper are supported by extensive documentation. *It shows* how the western powers exerted direct pressure on Adenauer.

Text 5: Splendour
Textsorte: Vorwort

Ausgangstext und Übersetzungsauftrag

The splendour of the land: the majesty of the sea

On the summit of the promontory of the Cape of Good Hope stands a beacon, weathered by the winds which in these parts seldom die, by the salty spray, by rain, and by the ever alternating warmth and cold of the days and nights.

The beacon is simply a pile of rocks, towering above the tumultuous face of the sea. For 5000 km southwards there is no other land; no trade routes; no jet aircraft tearing through the sky. There is only a seething wilderness of water, whipped by the howling storms of the Roaring Forties. The cold increases with every kilometre travelled towards the shores of Antarctica – forbidding, repellent, but also alluring with their dangers, secrets and untamed beauty.

To the north lies the whole continent of Africa – vast and sprawling, boisterous and rugged. It has the world's richest and most varied wild-animal population. Looted and stained with blood, it is regarded by many scientists as the cradle of man.

The moods of the sea are equalled by those of the land. The wild flowers and precious stones of the land are matched in beauty by the corals and anemones of the sea. And beneath the sea there rages a struggle for existence just as ruthless as the conflict on land.

The sea is divided by currents and temperature into distinctive zones. The land has its geological, climatic and botanical divisions. Like the fragments of a patchwork quilt, all are connected, but each has its distinctive individuality.

Man, by his various activities, has changed the land and had some effect even on the sea. But in this southern portion of the African continent there are great areas still untouched, or little changed, where the face of the earth may be seen much as it was before the coming of man.

Nature reserves and national parks help nature to maintain its delicate balance. Such preservation provides man not only with recreational space and a revitalising escape from his congested environment, but also with a measure of the worth of his own creations against those of nature.

The purpose of this book is to depict the unspoilt beauty and splendour of the land and the sea, to show how it all came to be there, and to reveal the never-ending creativity of nature.

Reproduced from 'South Africa – Land of Beauty and Splendour'

Südafrika ist ein beliebtes Reiseziel geworden, deshalb erscheinen in Deutschland viele Bücher über dieses Land.
Auch zahlreiche Bildbände mit englischem Text werden übersetzt, um der Nachfrage an Literatur über Südafrika gerecht zu werden.

Bevor Sie das von dem Schriftsteller T.V. Bulpin verfaßte Vorwort des 1976 in Südafrika veröffentlichten Bildbands *Southern Africa: Land of Beauty and Splendour* übersetzen, hier noch einige Anregungen.

I. Textexterne Faktoren

- Lesen Sie sich in einem anderen Reiseführer eine Beschreibung des Kaps der Guten Hoffnung durch!
- Versuchen Sie ein Foto des Kaps der Guten Hoffnung zu finden. (Einem Foto können Sie nämlich entnehmen, daß *beacon* Z. 1 kein Leuchtturm sein kann, sondern eine Landmarke sein muß.)
- Das Buch wurde 1976 veröffentlicht – spielt der Zeitunterschied bei der Übersetzung des Vorworts eine Rolle?

II. Textinterne Faktoren

- Welche Stilebene benutzt der Autor?
- Welche Wirkung möchte er bei seiner Zielgruppe hervorrufen?
- Hat im Deutschen das Vorwort dieselbe Funktion?

➔➔ Teil II „Vorwort“, S. 94

Und jetzt sehen Sie sich am besten noch ein paar Fotos von Südafrika an und versetzen sich in eine richtige Urlaubs- und Reisestimmung!

Kommentierte Musterlösung

Die Pracht des Landes – die Herrlichkeit des Meeres

Auf dem höchsten Punkt der felsigen Steilküste des *Kaps der Guten Hoffnung* erhebt sich ein *weithin sichtbares Zeichen*, *verwittert* von den Winden, die sich in diesen Gefilden selten legen, von der salzigen Gischt, dem Regen und *dem ewigen Wechselspiel* der heißen Tage und kalten Nächte.
Diese *Landmarke* besteht einfach aus aufeinandergetürmten *Felsbrocken*, die hoch über der stürmischen See thronen. *In südlicher Richtung* gibt es 5000 km weit *kein* Land, *keine* Handelswege; *keine Düsenflugzeuge zerreißen den Himmel.* Da ist nur *diese weite, wilde Wasserwüste*, *aufgewühlt* durch die heulenden Stürme, *die in diesen Breitengraden toben.* Die Kälte nimmt mit jedem Kilometer, den man sich den Küsten der Antarktis nähert, zu. Die Antarktis – unwirtlich und abweisend, aber auch durch *ihre* Gefahren, Geheimnisse und ungezähmte Schönheit anziehend und verführerisch.
In nördlicher Richtung erstreckt sich die unermeßliche Weite des ganzen afrikanischen Kontinents – rauh und voller Leben. Der größte und artenreichste *Wildtierbestand* auf der ganzen Erde findet sich hier. Afrika, *ausgebeutet* und von Blut *durchtränkt*, wird von vielen Wissenschaftlern als die Wiege der Menschheit angesehen.
Den Stimmungen des Meeres kommen die des Landes gleich. Die Korallen und die Anemomen des Meeres stehen den wild wachsenden Blumen und den Edelsteinen des Landes an Schönheit nicht nach. Und unterhalb der *Meeresoberfläche* tobt ein *Überlebenskampf*, der genauso unerbittlich ist wie die *Auseinandersetzungen* an Land. Das Meer wird durch Ströme und unterschiedliche Temperaturen in verschiedene Zonen eingeteilt, das Land

durch spezifische geologische, klimatische und botanische Gegebenheiten. *Wie die einzelnen Stücke einer Patchworkdecke* sind sie alle miteinander verbunden und doch hat jedes Teil *einen ureignen Charakter*. Der Mensch *mit* seinem vielfältigen *Tun* hat das Land verändert und selbst in einem gewissen Maß auf das Meer seinen Einfluß ausgeübt. Aber in diesem südlichen Teil des afrikanischen Kontinents gibt es immer noch weite unberührte oder fast unveränderte Landstriche, wo das Antlitz der Erde noch nahezu so aussieht, wie es vor der Entstehung der Menschheit war.
Naturschutzgebiete und Nationalparks tragen dazu bei, das *empfindliche* Gleichgewicht der Natur aufrechtzuerhalten. Eine solche Bewahrung der Natur verhilft dem Menschen nicht nur zu Erholungsgebieten und zu einer Möglichkeit, aus den überbevölkerten Städten zu fliehen und in der Natur neue Kräfte zu schöpfen, sondern gibt ihm auch einen Maßstab an die Hand, mit dem er den Wert seiner eigenen Werke gegenüber denen der Natur messen kann.
Die unverdorbene Schönheit und Pracht des Landes und des Meeres aufzuzeigen, die Entstehung all dieser Wunder zu erklären und die niemals endende *Schöpfungskraft* der Natur *zu offenbaren – das ist* das Anliegen dieses Buches.

I. Textexterne Faktoren

Das Buch wird im gleichen Format gedruckt, und das Vorwort muß deshalb wieder den Umfang einer Seite haben.
Problem: die Übersetzung (3600 Anschläge) ist länger als das Original (2400 Anschläge)!

Lösungsmöglichkeiten:
- kürzen (z.B. Absatz Z. 22 – Z. 26 weglassen),
- anderer Schrifttyp,
- oder beides.

Der Zeitunterschied zwischen AT und ZT spielt keine Rolle. Der Text enthält auch keinerlei Begriffe oder politische Anspielungen, die die deutsche Zielgruppe nicht verstehen könnte.

II. Textinterne Faktoren

1. textsortenspezifische Faktoren

Die Funktion des Vorwortes ist in der ZS dieselbe, d.h. auch der ZT soll vor allem appellativ sein. Der Autor versucht hier auf einer poetischen Stilebene durch einen ästhetisch-kreativen, bewußt geformten Text, die Leser und Leserinnen anzusprechen, sie für die Naturschönheiten Südafrikas zu begeistern.

Diese Stilebene muß im Deutschen gewahrt bleiben!

Z. 1 *summit* – eine Steilküste hat keinen Gipfel, sondern nur einen höchsten Punkt.

Z. 1 *beacon* – der Ausdruck „Landmarke“ hat die gleiche Bedeutung, leider ist er zu sachlich für diese poetische Stilebene, deshalb:
in Z. 1 „weithin sichtbares Zeichen“ und erst in Z. 4 „Landmarke“.

rhetorische Stilmittel

➔➔ Teil II, „Rhetorische Stilmittel“, S. 113.
Lesen Sie sich die grundsätzlichen Überlegungen durch.

a. Satzbau

Überschrift: **Parallelismus**
Entweder 2 Substantive (Schönheit/Herrlichkeit, Pracht/Majestät) oder 2 Adjektive (das herrliche Land/das majestätische Meer).

Inversion Z. 1, Z. 10
Abweichung von der normalen Satzgliedstellung S-P-O: poetischer Stil. Im Deutschen leicht nachzuvollziehen und auch an anderer Stelle möglich, z.B. letzter Absatz Z. 28–30, emphatische Wirkung!

! Immer Satzgliedstellung S-P-O ist im Deutschen bei fast allen Textsorten langweilig und unüblich.

➔➔ Teil II „deutscher Satzbau", S. 101

Partizipien Z. 1/2 *weathered*, Z. 6 *whipped*, Z. 11/12 *looted and stained* – In einem sachlichen deutschen Text sind englische Partizipialkonstruktionen entweder durch Attribute oder entsprechende Nebensätze wiederzugeben, auf keinen Fall durch ein Partizip. Hier jedoch ist auch im Deutschen das Partizip die beste Lösung, damit wird eine poetische Dimension erzielt.

Asyndetische Reihung Z. 10 ist hier auch im Deutschen möglich oder aber wie bei der Musterlösung Z 12/13.
➔➔ AB 14 „Satzbauhürden", S. 85–86

b. Klangfiguren

Alliteration Z. 2, Z. 6 – W-Laute herrschen vor:
Z. 6 *wilderness* beinhaltet öde Weite, deshalb im Deutschen relativ frei: weite, wilde Wasserwüste.
➔➔ Teil II „Rhetorische Stilmittel", Beispiel, S. 113
Anapher Z. 5 Wiederholung von *no*.
Zusätzliches Stilmittel im Deutschen: Die Lokaladverbiale (Z. 5 und Z. 10) könnte man bei der Übersetzung mit einer gleichlautenden Wendung wiedergeben (siehe Musterlösung Z. 6 und Z. 12).

c. Bilder

Metapher Z. 5/6 *no jet aircraft tearing through the sky*
Vergleich Z. 18 *like the fragments of a patchwork quilt* – Beide Bilder können im Deutschen übernommen werden.

d. Komposita

Auch bei poetischen Texten können Sie durchaus anschauliche Komposita verwenden, siehe Musterlösung:
Z. 3 Wechselspiel
Z. 5 Felsbrocken
Z. 13 Wildtierbestand
Z. 18 Meeresoberfläche, Überlebenskampf

2. allgemeine übersetzungstechnische Probleme

Wortartenwechsel

Z. 3 *the ever-alternating warmth and cold* – das ewige Wechselspiel

Z. 6 *a seething wilderness of water* – diese weite, wilde Wasserwüste

Z. 10 *the whole continent of Africa – vast and sprawling* ... – die unermeßliche Weite des ganzen afrikanischen Kontinents ...

Bei der Übersetzung kann sich die Wortart ändern! Substantive können zu Adjektiven, Adjektive zu Substantiven werden.
➔ AB 8 „Wortartenwechsel", S. 40

Unika

➔➔ Teil II „Unika", S. 122–123
Z. 1 *Cape of Good Hope* (Mögl. 2)

Z. 7 *Roaring Forties* – einen entsprechenden Eigennamen gibt es im Deutschen zwar („Brüllende Vierziger"), aber nur in der Fachsprache der Seefahrt. Es ist hier nicht notwendig, wegen der Atmosphäre den englischen Ausdruck zu übernehmen, im Gegenteil – der deutsche Leser würde dann vielleicht etwas mit den „wilden zwanziger Jahren" assoziieren. Also versuchen Sie es hier am besten mit einer Umschreibung: „in diesen Breitengraden" und keine überdifferenzierte Übersetzung wie „im stürmischen Teil des Ozeans zwischen dem 39. und 50. Breitengrad".

Fremdwörter

➔➔ Teil II „Fremdwort“, S. 118–121

Z. 20 *activities* – Aktivitäten wird im Deutschen in einem anderen Kontext gebraucht: In diesem Ferienklub werden zahlreiche Aktivitäten angeboten.

Z. 5 *jet aircraft* – Düsenflugzeug, aber „Jetset“

Z. 15 *conflict* – um Konflikte handelt es sich hier nicht

Z. 19 *individuality* – die Teile einer Patchworkdecke können keine „Individualität“ haben

Z. 24 *delicate* – Vorsicht *false friend*!

Z. 29/30 *creativity of nature* – die Schöpfungskraft der Natur, aber die Kreativität eines Künstlers.

Präposition

Z. 5 *for 5000 km southwards* – auf keinen Fall „für“!
Über 5000 km hin,
auf eine Länge von 5000 km,
in südlicher Richtung 5000 km weit.

Z. 20 *man, by his various activities*, ... – Der Mensch **mit** seinem Tun, der Mensch **in** seinem Tun ...

III. Deutsche Grammatik und Rechtschreibung

Genitiv

Z. 1, Z. 8 etc.

Im Englischen wird der *of*-Genitiv bei Sachen gebraucht, der *s*-Genitiv bei Personen.
Im Deutschen ist dagegen das Präpositionalgefüge mit „von“ umgangssprachlich und daher auf einer gehobenen Stilebene unbedingt zu vermeiden.

Also nicht:
auf dem höchsten Punkt von der felsigen Steilküste
an der Küste von der Antarktis
die Oberfläche von dem Meer
sondern ???

Möchten Sie wissen, welche Möglichkeiten es noch gibt, Unika zu übersetzen? **Dann erweitern Sie Ihr Repertoire!** Lesen Sie sich jetzt gleich die Theorie in Teil II durch, und bearbeiten Sie anschließend die Übungen zu den Unika, S. 124–127.

Arbeitsblatt 8

Wortartenwechsel

In jedem bisher übersetzten Text und auch in allen folgenden Texten weisen wir immer wieder darauf hin, daß es erforderlich sein kann, die Wortart zu wechseln, z.B.

Text 2	**Englisch**	**Deutsch**
	Verb	Substantiv
	Substantiv	Partizip

to explain the persistence of the Myth – als Erklärung für den immer noch bestehenden Mythos

Der Wechsel ist zwischen vielen Wortarten möglich. Mancher Wortartenwechsel ist so selbstverständlich, daß Sie ihn wahrscheinlich schon automatisch vornehmen:

to write in detail – ausführlich schreiben
to come into existence – aufkommen
a young man of promise – ein vielversprechender, junger Mann

Drei weitere Gesetzmäßigkeiten (das heißt natürlich **nicht**, daß Sie diesen Wortartenwechsel **immer** vornehmen müssen!) sind vielleicht noch nicht so in Ihrem Bewußtsein verankert:

1. das englische Verb wird im Deutschen zum Adverb
is expected to continue – wird vermutlich anhalten (Text 1)

2. das englische Substantiv wird im Deutschen zum Verb
Thomas Jefferson was a beautiful and clear writer – T.J. konnte sich wunderbar klar ausdrücken (Text 7)

3. Adjektiv + Substantiv im Englischen werden im Deutschen wiedergegeben mit:

a. Substantiv + Präpositionalattribut
the degree of feminist identification – der Grad der Identifizierung mit der Frauenbewegung

b. Substantiv + Substantiv im Genitiv
in the managerial ranks – in den Reihen der Manager (Text 1)

c. Substantiv + NS
a racially diverse city – eine Stadt, die verschiedene ethnische Gruppen aufweist (Text 3)

d. Umtausch
Adjektiv als Substantiv – Substantiv als Adjektiv
verbal imagery – bildhafte Ausdrucksweise (Text 6)

e. Substantiv + Adverbiale oder Verb + Adverb
recent polls – kürzlich durchgeführte Umfragen (Text 8)

f. etwas ganz anderem
the ever-alternating warmth and cold – das ewige Wechselspiel der heißen Tage und der kalten Nächte (Text 5)

Welche Wortart/en verändern Sie beim Übersetzen?

1. The word guillotine conjures up images of *royal beheadings* and *revolutionary bloodthirstiness*.
2. *Artistic insensibility* is the result of today's education.
3. It is now apparent that things *are starting* to happen in eastern Germany.
4. Queen Victoria had great *imperial responsibilities*.
5. Günther Grass has left many in Germany feeling that he is a *public bore*.
6. He caught a *distant* glimpse of her.

7. The authoritarian *tends to* be an *unimaginative and rigid thinker*. Intellectually, he is a *simplifier* who sees all problems in black and white.
8. These are mere status symbols which do not make the *slightest economic sense*.
9. *Parental surveillance* is kept down to a minimum.
10. As many of its own practitioners *came to* recognize, communism was a bum idea.
11. There is a *general inclination* for older people to believe that things used to be better.
12. This might be the reason for the *overwhelming public rejection* of the bicultural approach.
13. The question is whether Germany can *continue to* provide *rising prosperity* for its citizens.
14. The English have no desire for *foreign conquest*.
15. Those who dismiss *African historical contributions* as insignificant are usually steeped in a *European-centered academic background*.

Text 6: Present Yourself
Textsorte: Populärwissenschaftlicher Text

Ausgangstext und Übersetzungsauftrag

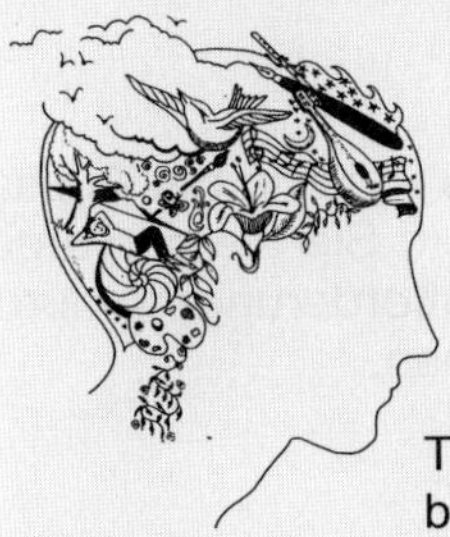

The 'imaginative' brain functions

PRESENT YOURSELF

The simple way to give powerful and effective presentations

by Michael Gelb

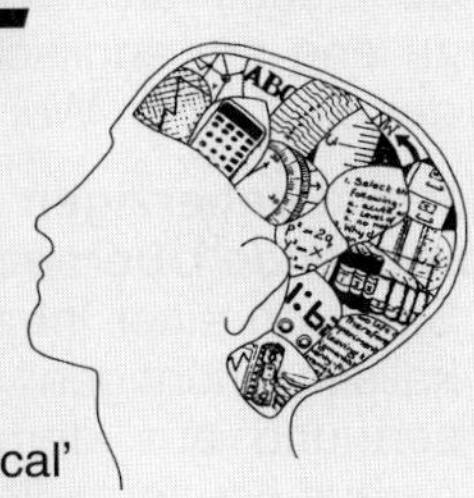

The 'logical' brain functions

TEXT 1

WHOLE-BRAINED PRESENTATIONS

Intelligent people – business men and women, teachers and others – will often assemble a factual presentation, offer it in a step-by-step fashion, concentrating on detail, and assume that it will be well received. But while a presentation must of course be based on informative, well-organized material, it needs other facets to make it compelling, such as variation in pacing, articulate body language, and plenty of vivid verbal and visual imagery. Why? Researchers have found that the brains of audience members tend to focus on the body language, rhythm and imagery of the speakers more than on the words they say. These 'right-hemisphere' elements are more arresting than the words themselves.
It follows, therefore, that if you are to make your presentation engaging and memorable, you must use your whole brain – integrating imagery and intuition with logic and analysis.

TEXT 2

THE FIVE KEYS TO AUDIENCE RECALL

If you want your presentation to be memorable, you must keep the following five points in mind as you develop and deliver your presentation. *Begin powerfully* – emphasize the main points in the beginning of your talk; *repeat regularly* – review your key points throughout; *emphasize unusually* – make your key points in humorous, outstanding or unusual ways; *maximize involvement* – create plenty of opportunities for the audience to get involved with your presentation, and *end powerfully* – emphasize your main points again at the end: finish with a bang!

(*Present Yourself,* Text I S. 9, Text II S. 31)

Denken Sie bei der Übersetzung des Textauszuges an die theoretischen Überlegungen zum Stil populärwissenschaftlicher Texte, Teil II S. 95.
Es handelt sich hier um ein Beispiel eines populärwissenschaftlichen Buches, das dem Leser auf ansprechende Weise Hilfestellung auf einem Sachgebiet geben will, auf dem er Laie ist.

Welche Fehler Sie nicht machen dürfen, wenn Ihre Übersetzung Interesse erwecken und lebendig wirken soll:

1. Englische Termini ohne Überlegung als deutsche Fremdwörter übernehmen,
2. zu eng am englischen Satzbau und an der englischen Wortwahl kleben.

Was Sie beherzigen sollten, um eine ansprechende Übersetzung zu erreichen:

1. Sich von einer inhaltlich und grammatikalisch „richtigen" Rohübersetzung lösen und aus dem Gesamtverständnis heraus neu formulieren und
2. sich dabei um ein flüssiges, gewandtes, kurz – idiomatisches Deutsch bemühen.

Sie erzielen dies:
- durch Füllwörter
- durch Variation im Satzbau
- durch Vermeiden von Wiederholungen
- durch Kürzen (Komposita und substantivische Fügungen statt umständlicher Nebensätze).

Aufgabe 1

Übersetzen Sie Buchtitel und Überschriften so, daß sie dem Leser einleuchten und ihm nicht etwa recht befremdlich erscheinen.

Aufgabe 2

Üben Sie bei Text II die Raffung der Aussage im Deutschen, indem Sie die hervorgehobenen verbalen Aufforderungen durch Substantive wiedergeben.

Kommentierte Musterlösung

Bereits der Titel des Buches kann auf keinen Fall wörtlich übersetzt werden – „Präsentieren Sie sich" – gäbe wahrlich keinen Sinn und würde wohl auch kaum jemanden zum Kauf des Buches anregen.

Es gibt verschiedene Möglichkeiten:
Ihr rhetorischer Auftritt
Stellen Sie sich richtig dar
Rücken Sie sich ins rechte Licht!
Keine Angst vor öffentlichem Reden
Vortraghalten leichtgemacht etc.

Untertitel: (Ihr rhetor. Auftritt) – Wie sie ihn effektiv und eindrucksvoll gestalten
Der einfache Weg zu einprägsamen, effektvollen Vorträgen

Text I

Aktiver Einsatz beider Gehirnhälften

Gerade intelligente Menschen – Geschäftsleute, Lehrer u.a. – neigen häufig dazu, einen nüchternen Vortrag auszuarbeiten, ihn schrittweise *mit großer Liebe zum Detail* darzubieten und meinen *dann*, daß er gut ankommt.
Natürlich muß ein Vortrag informativ und gut gegliedert sein, aber wenn er *auch* überzeugen soll, muß man andere Register ziehen: wie z.B. Wechsel des *Sprechtempos*, eine ausge-

prägte Körpersprache und eine lebendige, bildhafte Ausdrucksweise.
Und warum *das alles*? Es ist wissenschaftlich erwiesen, daß sich die Aufmerksamkeit der Zuhörer eher auf die Körpersprache, den Rhythmus, die Metaphorik des Redners konzentriert als auf das *eigentlich Gesagte*.
Diese Elemente, die die rechte Gehirnhälfte ansprechen, sind fesselnder als die Worte selbst.
Daraus ergibt sich *also: Soll Ihr Vortrag* interessant und einprägsam sein, dann setzen Sie *auch* Ihre beiden Gehirnhälften ein und verbinden Sie eine bildhafte Sprache und Intuition mit logisch-analytischem Denken.

1. textsortenspezifische Faktoren

Stilfragen

Grundsätzlich gilt für beide Textauszüge, daß man sich an mehreren Stellen für eine sachliche oder eine eher appellative Lösung entscheiden kann. Dies trifft besonders auf die Überschriften zu, die ja die Aufmerksamkeit des Konsumenten auf sich ziehen sollen. Statt der etwas trockenen Überschrift zu Text I wäre auch denkbar:

„Die linke und die rechte Gehirnhälfte – Setzen Sie beide ein!"
„Ganzheitliche Vorträge"
„Aktivieren Sie beide Gehirnhälften!"
Allerdings müssen Sie darauf achten, daß alle Überschriften nach demselben Muster konstruiert sind.

Z. 7/8 *it needs other facets* – natürlich ist auch eine sachlichere Formulierung möglich: „bedarf es anderer Faktoren ..."

Füllwörter

Z. 1, 3, 4, 7, 9, 12, 13 (siehe Musterlösung Kursivdruck)

Variation im Satzbau

Die englische S-P-O Stellung wird durchbrochen durch Frontstellung des Adverbs „Natürlich ..." in Z. 4 und des Prädikats „Soll ..." in Z. 12.
➔➔ Teil II „deutscher Satzbau", S. 100–103

Vermeidung von Wiederholungen

Z. 9 der Musterlösung: „Gesagte" oder „Inhalt", da „Worte" im darauffolgenden Satz erscheint.

Kürzung

durch eine nominale Fügung „mit Liebe zum Detail" und ein Kompositum „Sprechtempo" (Musterlösung Z. 2 und Z. 5).

rhetorisches Stilmittel – Alliteration

Z. 10 *vivid verbal and visual imagery* – Das Wort *imagery* beinhaltet schon *verbal* und *visual*; die Adjektive haben „Klangfunktion", die mit der deutschen Übersetzung nicht nachvollziehbar ist.

2. allgemeine übersetzungstechnische Probleme

people

Z. 1 *Intelligent people* – Bitte nicht mit „Leute" übersetzen! „Leute" ist meist nur umgangssprachlich verwendbar. Wir sprechen zwar von „klugen Leuten", meinen aber damit diejenigen, die im Gegensatz zu den anderen über gesunden Menschenverstand verfügen.
➔➔ AB 13 „people", S. 77

Fremdwort

➔➔ Teil II „Fremdwort", S. 118–121
Z. 3 *factual presentation* – Im Fachjargon wird zwar von „Präsentation" im Sinne von Vortrag gesprochen, aber dieser Begriff müßte dem Leser erst nahegebracht werden, ehe man ihn selbstverständlich verwenden kann.

Achtung *false friend*:
factual = „sachlich, auf Fakten beruhend", z.B. *a factual error* (Sachfehler).
Das Fremdwort „faktisch" ist falsch;
faktisch = tatsächlich, wirklich, z.B. „das bedeutet faktisch das Ende".

Z. 9 *articulate body language* – *articulate* beinhaltet meist „sich klar und deutlich ausdrückend", z.B. *she's an articulate feminist.* Das Fremdwort „artikuliert" bedeutet etwas ganz anderes: deutlich ausgesprochen.

Satzbau

➔➔ Teil II „Der englische Satzbau", S. 105–107
Z. 17 ..., *that if* ... – Im Englischen können bei mehreren Unterordnungen zwei Konjunktionen aufeinanderfolgen. Im Deutschen wäre das ein ausgesprochen schlechter Stil.
➔➔ AB 14 „Satzbauhürden", S. 85

Z. 5 *while* – *while* ist hier nicht temporal, sondern adversativ (Einstiegstest Punkt 15).
➔➔ AB 1 „while", S. 14

will

Z. 2 ... *will often* ... – *will* bringt hier zum Ausdruck, daß etwas häufig und immer wieder so ist. Im Deutschen kann wird/werden in Verbindung mit „immer wieder" auch diese Bedeutung haben, möglich wäre hier auch: „werden immer wieder", aber nicht wörtlich: „werden oft ... ausarbeiten" – hierbei geht dieser Aspekt verloren.
(➔➔ Text 7 „Television", S. 55)

Vgl.: *Without philosophy, policy will have no standards.* (Henry Kissinger) – Ohne Philosophie hat die Politik nun einmal keine Maßstäbe.

Plural wird Singular

Z. 11–12 *the brains of audience members* – (➔➔ Einstiegstest Punkt 10, 11, S. 12)
Möglich ist nur: ..., daß sich das Gehirn der Zuhörer/des Zuhörers ... Körperteile werden im Deutschen auch bei mehr Personen im Singular verwendet!

Vgl.: *They both shook their heads.* – Sie schüttelten beide den Kopf.

Wortartenwechsel

Z. 12 ... *tend to* ... – „eher" deckt hier sowohl *tend to* als auch *more* ab.
➔➔ AB 8 „Wortartenwechsel", Punkt 1, S. 41

Text II

Die fünf Pfeiler eines unvergeßlichen Vortrags

(Die fünf Schlüssel zum Gedächtnis der Zuhörer / 5 goldene Regeln für einen einprägsamen Vortrag)

Soll Ihre Rede den Zuhörern im Gedächtnis haften, dann müssen Sie bei der Vorbereitung und dem Vortrag die folgenden fünf Punkte beachten:
Schwungvoller Einstieg – heben Sie die Hauptpunkte bereits am Beginn der Rede hervor.
Regelmäßige Wiederholung – kommen Sie auf die wichtigsten Punkte immer wieder zurück.
Ungewöhnliche Akzentsetzung – bieten Sie das Wesentliche auf eine humorvolle, ausgefallene oder unkonventionelle Weise dar.
Maximale Zuhöreraktivierung/-einbeziehung – schaffen Sie eine Fülle von Möglichkeiten, bei denen sich Ihr Publikum direkt angesprochen fühlt.
Effektvoller Schluß – wiederholen Sie die Hauptpunkte am Ende und dann abschließend: ein Knalleffekt!

1. textsortenspezifische Faktoren

Kursivdruck bezeichnet die vorgeschlagene Lösung zur **Substantivierung** im Deutschen. Verbal müßten die Aufforderungen viel umständlicher formuliert werden.

Wortwiederholungen gibt es im englischen Text zahlreiche, z.B. *presentation* (3mal), *emphasize* (3mal), *unusual/unusually*, *involvement/involved*, *main points/key points* (je 2mal). Derlei Wiederholungen sind im Deutschen aus stilistischen Gründen unbedingt zu vermeiden!

➔➔ Teil II „Stilebene", S. 128–131

Rhetorisches Stilmittel – Alliteration

Z. 23 ... *develop and deliver* ... – hier wiedergegeben durch: ... bei Vorbereitung und Vortrag ...

➔➔ AB 2 „Hendiadyoin", S. 18

2. allgemeine übersetzungstechnische Probleme

Satzbau

Der parallele Satzbau bei der Aufzählung der 5 Punkte ist ein bewußtes Stilmittel und muß im Deutschen – entweder durch 5 nominale oder 5 verbale Fügungen – erhalten bleiben. Also nicht: Beginnen Sie eindrucksvoll ... Regelmäßige Wiederholung ...

Infinitiv

Z. 30 *for the audience to get* ... – Vorsicht Falle! Infinitiv mit eigenem Sinnsubjekt!

➔➔ Teil II „englischer Satzbau", S. 106

Wenn Sie übersetzen: „Schaffen Sie genügend Möglichkeiten für das Publikum, ...", kommen Sie nicht zu einer sinnvollen Lösung!

➔ AB 9 „Infinitiv", S. 47–49

Hatten Sie Schwierigkeiten mit dem Satzbau? Dann lernen Sie die **Faustregeln** beherrschen mit den „Übungen zum deutschen Satzbau" Teil II, „Satzbau", S. 102–103

Arbeitsblatt 9

Infinitiv-Konstruktionen – hüte Dich vor „um zu"!

1. Wer macht wem den Heiratsantrag?

(Die richtige Antwort auf diese und die folgenden Fragen gibt die nächste Seite.)

Victorian women had to remain above reproach while waiting for an eligible bachelor to propose marriage.

Eine englische Infinitiv-Konstruktion entspricht zwar manchmal, aber nicht immer einem deutschen „um zu"-Satz. Meist müssen wir mit einem Nebensatz übersetzen, z.B. einem Relativsatz, wobei häufig ein „kann, könnte, soll oder sollte" zu ergänzen ist.

Der „um zu"-Satz im Deutschen bezieht sich grundsätzlich auf das Subjekt des übergeordneten Satzes, d.h. HS und Infinitiv haben dasselbe Subjekt (nicht:

Er nahm das Kind auf die Schulter, um besser sehen zu können.). Er beinhaltet eine Absicht (Sie kam in die Stadt, um einzukaufen.) oder eine Folge (Er ist viel zu faul, um früh aufzustehen.).[1]

2. Wer plant hier „für" wen?

The plan is for participants to circulate reports to one another.

For – leitet eine Infinitiv-Konstruktion mit eigenem Subjekt ein – das Subjekt des Infinitivs wird Subjekt des deutschen Nebensatzes.

3. Ist hier jemand „gut genug", um etwas zu tun?

The teaching was generally satisfactory and those pupils who took examinations did well enough to continue with their course of study.

... *enough* + *inf.* /*too* ... + *inf.* ist meist am besten mit: „... so ..., daß ..." oder „... zu ..., als daß ..." wiederzugeben und nicht mit „um zu".

Enough – ist vom Wortinhalt her nicht mit „genug" gleichzusetzen. Das deutsche „genug" beinhaltet oft etwas Abschätziges, *enough* dagegen stellt eher eine Verstärkung denn eine Einschränkung dar.
(vgl.: *sure enough* – klar, ganz sicher
He is clever enough. – Er ist recht klug.
He began promisingly enough. – Er begann sehr vielversprechend.)

Lösung der Beispielsätze

1.

Falsch: Die Frauen im viktorianischen Zeitalter mußten über jeden Tadel erhaben sein, während sie auf einen heiratsfähigen/standesgemäßen Junggesellen warteten, um einen Heiratsantrag zu machen. – **Hier machen die Frauen den Heiratsantrag!**

Richtig: ...., der ihnen einen Heiratsantrag machen sollte / könnte / würde.
..... warteten, daß ihnen ein ..... machen würde.

2.

„Für" niemanden wird hier etwas geplant!

Richtig: Geplant ist, **daß die Teilnehmer** die Berichte untereinander kursieren lassen (sollen).

3.

Falsch: „waren gut genug, um die ..... fortsetzen zu können" – hat eher negative Bedeutung, was „well enough" aber nicht beinhaltet.

Richtig: Der Unterricht war im allgemeinen zufriedenstellend, und diejenigen Schüler, die an den Prüfungen teilnahmen, waren **so erfolgreich**, daß sie die Ausbildung fortsetzen konnten.

---

[1] s. Duden Bd. 9 *Richtiges und gutes Deutsch*, darin „um zu"

Übungssätze

1. Willy Brandt was one of the handful of political giants to emerge in the post-war world.
2. To remedy these wrongs the Socialists are striving to do away with private property, and argue that individual possessions should become the common property of all, to be administered by the state.
3. In such conditions, a character like this dictator could emerge any day from the barracks to proclaim himself the champion of the people's fears and frustrations. And it's all too easy to imagine the crowds cheering.
4. That can be achieved by further reform of the police and an expanding economy to provide jobs for returning exiles and the thousands of school-leavers.
5. He returns a few minutes later, saying, "Queer couple to be going to Hawaii, aren't they?"
   (David Lodge *Paradise News*: 12)
6. The play tells of twins separated at birth, one to grow up in the slums, the other in the comfort of the managerial class.
7. It would be the height of folly for Europe's leaders to risk letting it happen again.
8. "It's not human for everyone to agree on everything," she says.
9. Last week 150 scientists from 26 countries made a dramatic appeal for international controls to halt global drug abuse.
10. The city work force dwindled by 60,000, thus leaving welfare departments with far too few workers to handle all the child abuse, drug addiction and homelessness.
11. The differences are too great for women to climb the ladder to senior management.
12. The prospect of a dangerous power vacuum is now real enough to have forced the first serious debate in Washington about American policy in that region.
13. The U.S. Senate found the evidence alarming enough to justify a faster phase-out of CFCs.
14. The fiasco was enough to convince many that it might be wise for him to step down.
15. 500 National Football League players have been injured seriously enough to miss a game this season.

Die Abschlußprüfung – Eine große Herausforderung!

In der Abschlußprüfung oder überhaupt in einer Prüfung befinden Sie sich in einer ganz speziellen Situation. Natürlich sind Sie nervös – das macht aber gar nichts, denn dadurch werden zusätzliche Energien mobilisiert.
Die Situation ist aber auch deshalb besonders, weil Sie oftmals mit einem Text konfrontiert werden, der aus dem Textzusammenhang gerissen wurde, ja, es kommt sogar vor, daß der Text „gestückelt" wurde, wie z.B. Text 7.
Jetzt können Sie aber zeigen, daß Sie gelernt haben, mit einem Text umzugehen, und daß Sie auch ein Prüfungstext nicht aus der Ruhe bringt!

Eine Quellenangabe fehlt nie. Sie bietet die erste Orientierung:
- **Wer** hat den Text geschrieben?
- **Wann** wurde der Text geschrieben?
- **Wo** ist er erschienen, in welcher Zeitschrift, Zeitung oder in welchem Buch – in welchem Land?

Obwohl Sie keinen Übersetzungsauftrag haben, ist auch die **Funktion der Übersetzung** klar:
Der Text soll „möglichst fehlerfrei" übertragen werden, Sie sollen Ihre Fremdsprachenkenntnisse unter Beweis stellen. Es geht um eine „möglichst getreue Abbildung des Originals". (Snell-Hornby: 25)

Also, auf geht's:

1. Sie lesen den ganzen Text zuerst einmal – oder falls nötig mehrmals – in Ruhe durch.
2. Sie überlegen sich, worum es geht.

Aufgrund dieser Vorüberlegungen können Sie dann schnell entscheiden:

3. Welcher Textsorte gehört der Text an?
4. Ist der Text informativ oder appellativ, sachlich oder wertend, ernst oder humorvoll?
5. Welchen Stil benutzt der Autor?
   - Umgangssprachlich, schriftsprachlich oder gehoben?
   - Verwendet er rhetorische Stilmittel etc.?
6. Sie übersetzen in möglichst großen Abschnitten und nicht Wort für Wort. Bei mehreren Übersetzungsmöglichkeiten fällen Sie Ihre Entscheidung auf Grund Ihrer Überlegungen zu Punkt 1–5.
7. Sie lesen Ihre Übersetzung noch einmal genau durch und verbessern eventuell.

zu 2.

Inhaltlich befassen sich die meisten Texte mit der Soziokultur englischsprachiger Länder, insbesondere mit typischen Ereignissen oder Erscheinungen in den USA und in Großbritannien.

soziokultureller Hintergrund

Hier müssen Sie Ihr Wissen über die Soziokultur des jeweiligen Landes einbringen.
Im Fach „Auslandskunde" werden Ihnen viele Kenntnisse vermittelt. Versuchen Sie jedoch auch selbst – natürlich schon lang

vor dem Examen –, sich so vertraut wie möglich mit der Kultur Amerikas und Englands zu machen (lesen, reisen, unterhalten). Ein Übersetzer sollte nicht nur mindestens zweisprachig, sondern auch bikulturell sein. (Vermeer: 39)

> Tip: Zur Vertiefung des Wissens und zum Nachschlagen eignen sich besonders:
> Paul Fischer/Geoffrey P. Burwell, *Kleines England Lexikon*
> Roswitha Sieper, *The Student's Companion to Britain*
> Roswitha Sieper, *The Student's Companion to the U.S.A.*

Beispiele

Im Text 7 „Television" müssen Sie wissen, welche Rolle das Fernsehen in den USA überhaupt und speziell bei den Präsidentschaftswahlen spielt.
Es hilft auch, wenn Sie etwas über die Wahlen an der High School und am College wissen. Da gibt es z.B. die Wahl zum „Beliebtesten Studenten" oder zur „Schönsten Studentin", aber eben auch zum „Häßlichsten Studenten".

Für die Übersetzung des Textes 9 „Victorian People and Ideas" sind Kenntnisse des Viktorianischen Zeitalters sehr hilfreich. Erst aus dem historischen Zusammenhang heraus lassen sich Ausdrücke wie *artisans' shops* und *mills* richtig übersetzen.

Und nicht zuletzt ist es natürlich sehr hilfreich, wenn Sie der Quellenangabe entnehmen können, ob es sich um eine amerikanische oder eine englische Zeitschrift handelt.

zu 3.

Während die Übersetzer in der Praxis mit den verschiedensten Textsorten konfrontiert werden, gehören Prüfungstexte im Augenblick immer noch überwiegend folgenden Textsorten an:

- aus der Presse:
  Kommentar, Analyse, Essay (häufig):
  Text 7 und 8
  humorvolle Glosse (selten)
- aus einem anspruchsvollen „Sachbuch": Schilderung, Beschreibung etc. (häufig): Text 9
- aus einem literarischen Werk (einem Roman, einer Biographie oder ähnlichem): Erzählung, Charakteristik etc. (häufig): Text 10

Dabei handelt es sich auf dieser Stufe nie um rein inhaltsbetonte Texte, mit anderen Worten um Texte, bei denen es nur um die Übermittlung von Informationen geht (dazu könnte man unseren Einstiegstext zählen), sondern eher um formbetonte Texte, bei denen Form und Inhalt im Idealfall eine Einheit bilden, d.h. Sie müssen nicht nur Informationen übermitteln, sondern auch versuchen, die gleiche ästhetische Wirkung zu erzielen.

Testen Sie nun, wie gut Sie mit den folgenden 4 Prüfungstexten zurechtkommen, und vergessen Sie nicht:

! Nur mit System übersetzen Sie erfolgreich!

Text 7: Television
Textsorte: Kommentar

Ausgangstext und Übersetzungsauftrag

Staatliche Prüfung für Übersetzer und Dolmetscher
Übersetzung aus dem Englischen – Allgemeiner Text
Arbeitszeit: 1½ Stunden

Television and Theater

Recent polls show that many people will vote for a candidate they disagree with on the issues because they say they like the candidate personally. The dichotomy of response to personality and stands on the issues makes sense only in a television culture. If we read a candidate's speeches in a newspaper, it would be insane for us to say, "This is all nonsense, but you know something, I like the guy." Such a reaction only makes sense when we feel we have met and "know" our leaders personally. And television gives us that feeling.

Few people can be masters of both imagelike expression and languagelike communication. Thomas Jefferson was a beautiful and clear writer, and he has been considered by many to be the most intelligent U.S. President. But he would not make a very good TV President. He had a slight speech impediment, and he was voted the homeliest student at William and Mary College. Worst of all, he disliked speaking in public so much that he never addressed Congress in person; instead he sent his State of the Union speeches to Congress to be read by a clerk.

The emotional reaction to TV hurts the theater in two ways. Not only does the loss of interest in language hurt drama, but it was once the case that theater held an edge over real life, and over poetry and literature, in terms of fleshing out public characters. An actor would literally "give a body" to types of people we could not watch so closely in real life. People from different walks of life – kings and paupers, living and dead – would be brought to life for us by the theater. But now the standard by which we measure theater's distance or closeness, its verisimilitude or distortion is TV.

From "Television's Covert Challenge"
by Joshua Meyrowitz, *Dialogue* 4/1988, p. 61

Der Text erschien im 4. Quartal 1988 in *Dialogue*, einer amerikanischen Zeitschrift (und einer beliebten Quelle für Prüfungstexte!), die vom Presse- und Informationsamt der amerikanischen Regierung herausgegeben wird.
Im Jahr 1988 fanden in den USA Präsidentschaftswahlen statt. (Das hätten Sie gewußt, wenn Sie 1989 die Staatsprüfung abgelegt hätten!) Also handelt es sich hier um einen Kommentar zu einem aktuellen Anlaß.

➔➔ Teil II, „Kommentar", S. 96–97

Etwas verblüffend ist die Tatsache, daß der Text aus zwei Teilen besteht, deren unmittelbarer Zusammenhang nicht auf den ersten Blick zu erkennen ist. Lassen Sie sich auch davon nicht aus der Ruhe bringen.

Wenn Ihnen der große Zusammenhang klar ist, versuchen Sie, den Sinn der Passagen zu erschließen, die Sie nicht sofort verstehen. Verständnisschwierigkeiten bereiten vor allem Z. 8/9, aber auch Z. 1/2, Z. 15/16, Z. 18–20.

Durch eine Analyse des gedanklichen Aufbaus des Textes, durch Analogien, logische Schlüsse oder durch den Einsatz Ihrer grammatikalischen Kenntnisse können Sie die Bedeutung herausfinden. Siehe Kommentar zur Musterübersetzung, S. 54–55.

! Sie können nur eine sinnvolle Übersetzung abliefern, wenn Sie das Original verstehen!

Klären Sie deshalb möglichst alle Fragen, bevor Sie mit dem Übersetzen anfangen.

Kommentierte Musterlösung

Das Fernsehen und das Theater

Jüngste Umfragen zeigen, daß viele *Wähler immer wieder* ihre Stimme einem bestimmten Präsidentschaftskandidaten *geben*, obwohl sie dessen Meinung zu den *zentralen Wahlkampfthemen* nicht teilen, nur weil sie *ihn als Person* mögen. Diese *Widersprüchlichkeit* in der Reaktion auf die Persönlichkeit *einerseits* und auf den Standpunkt zu *Kernfragen andererseits* ist nur *erklärbar* in einer vom Fernsehen bestimmten *Gesellschaft.* Wenn *wir* die Reden eines Kandidaten in der Zeitung *lesen würden*, dann *wäre* es unsinnig zu sagen: *„Das ist ja alles Quatsch, aber weißt du was, der Kerl ist mir sympathisch."* Solch eine Reaktion ergibt nur dann einen Sinn, wenn wir glauben, daß wir diesen *führenden Politikern* tatsächlich begegnet sind und sie persönlich kennen. Und das Fernsehen gibt uns dieses Gefühl.
Nur wenige verstehen es, *sich sowohl als Person positiv darzustellen, als sich auch von der Sprache her zu vermitteln*. Thomas Jefferson *konnte sich* in einem wunderbar klaren Stil *ausdrücken*, und viele *halten* ihn für den intelligentesten *amerikanischen Präsidenten.* Aber im Fernsehen *würde* er keinen guten Präsidenten abgeben. Er hatte einen leichten Sprachfehler und wurde am William und Mary College zum *unscheinbarsten* Studenten gewählt. *Das schlimmste war aber, daß* er Reden vor Publikum so sehr verabscheute, daß er nie selbst vor dem Kongreß sprach, sondern seine Reden *„Zur Lage der Nation"* an den Kongreß schickte, *um* sie dort verlesen *zu lassen.*
Daß auf das Fernsehen so emotional reagiert wird, schadet dem Theater in zweifacher Weise. *Nicht nur* das nachlassende Interesse an der Sprache wirkt sich negativ auf das Theater aus, *sondern* das Theater wird *auch eines Vorteils beraubt*, den es früher dem wirklichen Leben, der Dichtung und der Literatur gegenüber hatte: es konnte *Personen des öffentlichen*

Lebens in Fleisch und Blut erstehen lassen. Ein Schauspieler *verlieh früher* im wahrsten Sinne des Wortes bestimmten *typischen Personen* „Gestalt", die wir im wirklichen Leben eben nicht so aus der Nähe betrachten konnten. *Menschen* aus den verschiedensten Bereichen, Könige und Bettler, Lebende und Tote, *wurden* uns durch das Theater *vor Augen geführt.* Heutzutage jedoch ist das Fernsehen der Maßstab, mit dem wir die Realitätsferne oder -nähe des Theaters messen, der Maßstab dafür, inwieweit das Theater *wahrheitsgetreu* ist oder die Wirklichkeit verzerrt.

I. Textexterne Faktoren

Wenn Sie in einem Jahr die Abschlußprüfung ablegen, in dem in England oder in den USA Wahlen anstehen oder erfolgt sind, dann sammeln Sie englische und deutsche Modelltexte zu diesem Themenkomplex. Das empfiehlt sich auch im darauffolgenden Jahr.
Dieser Text nimmt Bezug auf die Präsidentschaftswahlen in den USA.
Man muß sich klarmachen, daß das Fernsehen in Amerika überhaupt eine viel größere Rolle spielt als bei uns in Deutschland und ganz besonders im Wahlkampf eine entscheidende Funktion besitzt.

II. Textinterne Faktoren

a. Erschließung der schwer zu verstehenden Passagen

Thema des Textes, bzw. der zwei verschiedenen Teile des Textes ist der große Einfluß des Fernsehens in den USA.

Z. 1/2 *the issues/personally* – Um welchen Widerspruch geht es hier?
Die Meinung des Kandidaten zu Sachfragen ist nicht so wichtig wie die Person des Kandidaten selbst, also Wahlkampfthemen versus Persönlichkeit.
Dieser Gedanke wird im 2. Absatz aufgegriffen:

Z. 8/9 *imagelike expression/languagelike communication* – Es geht jetzt um verbale und nonverbale Kommunikation, um die optische Wirkung und die Kommunikation durch Sprache, und nicht darum, ob sich jemand bildhaft ausdrücken kann! Einen Aufschluß gibt auch das Beispiel „Jefferson", der sich zwar brillant ausdrücken konnte, sich aber als *TV President* nicht hätte durchsetzen können, weil er zu unscheinbar war und keine Ausstrahlung hatte.

Z. 15/16 *not only does ... but it was once* – Eine Grammatikfrage: hier geht es ganz einfach um eine zweigliedrige Konjunktion: „nicht nur ... sondern auch". Es ist im Deutschen falsch zu sagen: „nicht nur ... aber es war einmal". Lassen Sie sich durch einen komplizierten Kontext nicht von so einfachen Grundregeln abbringen.

Z. 18–20 *would* – Welche Bedeutung hat *would* hier?

Die ersten drei Bedeutungen sollten Sie immer parat haben:

1. Präteritum: wollte nicht
   He would not do it. / Er wollte es (durchaus) nicht tun.
2. Präteritum: pflegte zu tun (Vorsicht Stil!), früher, oft unübersetzt
   He would go for a walk. / Gewöhnlich ging er spazieren.
3. Konjunktiv: würde
   Would you pass me ... / Würden Sie mir bitte ...

(4. vermutend – *It would seem ...* / Es scheint fast ...
5. Konjunktiv – *I would it were otherwise.* / Ich wollte, es wäre anders.)

Hier ist es im Sinne von „pflegte zu ..." gebraucht, aber bitte nicht so übersetzen, sondern nur als vorläufige Hilfskonstruktion. *Would* könnte hier auch unübersetzt bleiben.

b. unbekannte Wörter

Die Vorstellung, ein Wort, eine Vokabel nicht zu kennen, bereitet den meisten die größten Ängste.
Welche Wörter kennen Sie überhaupt nicht?
Z. 2 *dichotomy*, Z. 11 *homely*, Z. 16 *to hold an edge over s.th.*, Z. 17 *to flesh out*, Z. 21 *verisimilitude*?
Das wäre ganz verzeihlich. Wichtig ist nur, daß Sie sich helfen können, daß Sie versuchen, ein vom Sinn her passendes deutsches Wort zu finden.

dichotomy
Achten Sie auf den logischen Zusammenhang. Der 2. Satz wiederholt teilweise das im 1. Satz Gesagte noch einmal in anderen Worten. Der Sinn des Wortes läßt sich deshalb hier erschließen: Widersprüchlichkeit, Diskrepanz.

homely
Die Bedeutung dieses Wortes aus dem Kontext zu erschließen, ist sehr schwierig. Versuchen Sie es trotzdem, es muß etwas Negatives sein: ein Sprachfehler und ...? Versuchen Sie es mit einem passenden Ausdruck, **lassen Sie nie eine Lücke**. Wenn Sie nicht ganz genau die Bedeutung treffen, aber einen passenden, negativen Ausdruck verwenden, dann spielt dieser eine Fehler für die Gesamtbewertung bestimmt keine große Rolle.

to hold an edge over s.th
Diese Wendung ist schwer zu erraten. Wichtiger als sie ganz korrekt zu übersetzen ist aber, die logische Konstruktion des Satzes richtig wiederzugeben (siehe oben)!

to flesh out
Das läßt sich erraten! Einfach wörtlich übersetzen und dann überlegen, was es heißen könnte.

verisimilitude
Aus dem Lateinischen kann man ableiten, daß das Wort irgend etwas mit „wahr" zu tun haben muß.

c. immer wieder auftauchende Problemwörter

Z. 1 / Z. 18 / Z. 19 *people*

Z. 2 / Z. 3 *issue*
→→ AB 13 „people", S. 77–78 und
→ AB 10 „issue-public-popular", S. 58

Z. 2 *personally* – im Deutschen ist der Sinn nicht, daß Sie persönlich den Kandidaten mögen, sondern daß sie den Kandidaten als Person mögen.

Z. 5 *to make sense* – der Anglizismus „Sinn machen" ist mittlerweile schon fast akzeptabel.

Z. 6 *leader* – nie mit „Führer" übersetzen, das ist ein Tabuwort!
→→ Teil II „Konnotation", S. 137

Z. 10 *U.S. President* – US-Präsident nur in den entsprechenden Textsorten wie z.B. in den Nachrichten.

Z. 17 *public characters*
→ AB 10 „issue-public-popular", S. 58

d. Grammatik

will

Z. 1 *many people will vote...* – Es handelt sich nicht um eine neutrale Aussage über die Zukunft, sondern durch das Modalverb „will" wird hier die Mißbilligung eines immer wieder auftretenden Verhaltens zum Ausdruck gebracht im Sinne von: so ist es nun mal, man kann es leider nicht ändern.

Weitere mögliche Übersetzungen: wählen tatsächlich, wählen nun mal, werden oft einen Kandidaten wählen.
Die negative Konnotation könnte im Deutschen nur durch eine sehr umständliche Übersetzung noch weitgehender zum Ausdruck gebracht werden.

Ein weiteres Beispiel: *Boys will be boys.* – Jungen sind nun mal so.

➔➔ Text 6 „Present Yourself", S. 46

would

Z. 10 / Z. 18 / Z. 20 *would* – siehe unter a.

Z. 2/3 *response to ... and* – Reaktion auf ... einerseits und auf ... andererseits.
Um den Sinn deutlicher zu machen, ist es besser, noch eine Konjunktion einzufügen.

! Um eine Übersetzung verständlicher zu machen, kann es erforderlich sein, Worte oder Wendungen hinzuzufügen.

***if*-Sätze** Z. 3/4
Erinnern Sie sich an die 3 Grundtypen?
Wenn nicht, schlagen Sie in einer Grammatik nach (siehe Bibliographie).
Hier: *if*-Satz Präteritum + Hauptsatz Konjunktiv – *read* ist also Präteritum!
Im Deutschen „läsen" oder „lesen würden" und „sagten" oder „sagen würden", aber keinesfalls zweimal den Konjunktiv mit „würden".
Siehe Punkt III. „Konjunktiv", S. 57–58

zweigliedrige Konjunktionen

Z. 8 *both ... and* – sowohl ... als auch, nicht: beides ... und ...
Achten Sie im Deutschen auf richtige zweigliedrige Konjunktionen.
Siehe auch unter a.

Wechsel der Wortart

Z. 1 *recent* – kürzlich ist im Deutschen ein Adverb, kein Adjektiv, also: kürzlich durchgeführte, jüngste, neuere.

Z. 9 *writer*
➔➔ AB 8 „Wortartenwechsel", S. 40–41

present perfect

Vorsicht!! Dem englischen *present perfect* entspricht nicht immer das deutsche Perfekt.
Wird im Englischen mit dem *present perfect* ausgedrückt, daß ein Vorgang in der Vergangenheit begonnen hat und bis in die Gegenwart hineinreicht, dann muß *present perfect* im Deutschen gewöhnlich mit Präsens wiedergegeben werden.
The Royal family has lived for centuries in Balmoral. – Die königliche Familie lebt seit Jahrhunderten ...
„Hat gelebt" bedeutet im Deutschen, daß sie jetzt nicht mehr dort lebt.
Genauso:
Z. 9 *has been considered* – viele halten ihn ...

Satzbau

asyndetische Reihung

Z. 12 *Worst of all* – auf keinen Fall mit: „Am schlimmsten aber, er haßte" übersetzen, sondern mit: „Das schlimmste war aber, daß er ..."
➔➔ AB 14 „Satzbauhürden", S. 85–86

Infinitivsatz

Z. 14 *to be read by a clerk* – Ein englischer Infinitivsatz entspricht nicht immer einem deutschen Infinitivsatz. Hier ist er dem Sinn nach ein finaler Adverbialsatz: damit, daß, und ließ ...
Es ist aber auch möglich, den finalen Sinn durch: „um zu ... lassen" (siehe Musterlösung) zum Ausdruck zu bringen.
➔➔ AB 9 „Infinitiv", S. 47–49

by a clerk – *clerk* wird hier nur als Stützwort gebraucht; das ist im Deutschen nicht nötig. Auf keinen Fall mit „Büroangestellter" übersetzen, möglich wäre „Regierungsbeamter, Regierungsangestellter".

e. andere übersetzungstechnische Probleme

amerikanischer Text

Daß es sich um einen amerikanischen Text handelt, kann man auch an der Überschrift, der Schreibung von *theater* erkennen, ebenso an:
Congress
State of the Union speech
➔➔ Teil II „Unika", S. 122–123, Mögl. 2

Z. 11 *homely* ist deshalb AE und hat die Bedeutung „häßlich, unscheinbar, reizlos“. Das Wort „häßlich“ klingt allerdings für deutsche Ohren zu stark. Es gibt aber an amerikanischen Universitäten tatsächlich Wahlen zum „häßlichsten Studenten“.

persönliche Ausdrucksweise

Z. 3ff. *we* – Im Englischen findet man sehr viel häufiger eine persönliche Ausdrucksweise. Je nach Textsorte und Funktion der Übersetzung muß entschieden werden, ob die englischen Personal- oder Possessivpronomen im Deutschen durch eine unpersönliche Konstruktion oder durch „man, es, etc.“ zu ersetzen ist, oder ob man auch im Deutschen eine persönliche Ausdrucksweise verwenden kann. Ganz allgemein läßt sich sagen:

! Eine persönliche Ausdrucksweise ist im Deutschen viel seltener als im Englischen.

Hier sollen die Leser jedoch direkt angesprochen werden, deshalb kann man das Personalpronomen übernehmen. Genauso kann man aber auch unpersönlich übersetzen: „es wäre unsinnig zu sagen ... wenn man das Gefühl hat, daß man den ... begegnet ist / wenn das Gefühl vorhanden ist, den ... begegnet zu sein“.

Stilebene

Z. 4/5 Die wörtliche Rede hat die Stilebene „Umgangssprache“, also nicht schriftsprachlich übersetzen.
→→ Teil II „Stilebene“, S. 128–129

inhaltliche Redundanz

Z. 2 *they say* – eine Übersetzung ist unnötig und wirkt im Deutschen nur schwerfällig. (In einer Prüfung würde eine Übersetzung aber auch nicht als Fehler gewertet!)

Fremdwort

Z. 3 *culture* – Das englische Wort *culture* bezeichnet in einem solchen Kontext die Lebens-, Denk- und Verhaltensweise einer Gesellschaft, eines Volkes oder einer Gruppe. Dieselbe Bedeutung hat *culture* auch im nächsten Text (Text 8), Z. 1: *America's culture is America's greatest potential strength.*
Analog zur englischen Wortbedeutung erfährt das deutsche Wort „Kultur“ in den letzten Jahren eine Bedeutungserweiterung, wie man z.B. an Formulierungen wie „multikulturelle Vielfalt“ oder „hier treffen verschiedene Kulturen aufeinander“ sehen kann.
Dennoch: Es ist nicht immer möglich, *culture* mit „Kultur“ zu übersetzen. So zum Beispiel in diesem Text Z. 3 *television culture* „in einer vom Fernsehen bestimmten Gesellschaft“, oder im folgenden Satz:
In some companies, completely dominated by masculine culture and communication patterns, the differences are too great for women to climb the ladder to senior management. – In einigen Unternehmen, die völlig von *männlichen Verhaltensweisen* und Kommunikationsmustern geprägt sind, sind die Schwierigkeiten so groß, daß Frauen nicht ins höhere Management aufsteigen können.

III. Deutsche Rechtschreibung und Grammatik

Vermeiden Sie so banale Fehler wie:
Pr**e**sident statt Präsident
Kongre**ss** statt Kongreß

Konjunktiv

Im Gegensatz zum Englischen wird im Deutschen der Konjunktiv nicht mit „würde“ gebildet, sondern durch eigene Konjunktivformen.
Die Umschreibung mit „würde“ wird nur gebraucht, wenn
– der Satz dadurch verständlicher wird:

Wenn sie gingen, dann ... / Wenn sie gehen würden, dann ...
- die Konjunktivform als altertümlich angesehen wird: Ich flöge, wenn ... / ich würde fliegen, wenn ...
- ein futuristischer Bezug zum Ausdruck gebracht werden soll:
  Wenn ich morgen ginge ... / Wenn ich morgen gehen würde ...

In beiden Teilsätzen des Konditionalsatzes „würde" zu gebrauchen, ist stilistisch und lautlich unschön.

Hatten Sie Schwierigkeiten, die englischen Satzkonstruktionen zu durchschauen? **Dann tauchen Sie gleich noch einmal ein ins Reich der englischen Sätze!** Bearbeiten Sie die Übungen in Teil II zum englischen Satzbau, S. 108.

Arbeitsblatt 10

Drei immer wieder auftauchende Wörter: issue – public – popular

issue
bedeutet nicht immer nur – Thema,
sondern u.a. auch:
- Kernfrage, (akutes) Problem, Angelpunkt,
- Streitfrage, Streitpunkt, (strittiger oder wesentlicher) Punkt.

public
bedeutet nicht nur – öffentlich, Volks-,
sondern u.a. auch:
- allgemein bekannt,
- national,
- oder sinngemäß: die Öffentlichkeit betreffend (siehe Beispiel 7).

popular
bedeutet nicht nur – populär, beliebt,
sondern u.a. auch:
- öffentlich, Volks-,
- allgemein, weitverbreitet.

Beide Adjektive werden im Deutschen nicht immer mit einem Adjektiv übersetzt, sondern oft auch substantivisch.
➔➔ AB 8 „Wortartenwechsel", S. 40–42

1. Bei den Wahlen im Jahr 1992 spielten folgende *issues* eine Rolle:
   a. *key issue* (the economy will be the key issue)
   b. *bread and butter issue* (the most basic and important issues for the voters)
   c. *character issue* (refers to the role played by the candidate's past)
   Wie würden Sie jeweils übersetzen?

2. Foreign policy is the great *issue* in this year's campaign. Never *has* it *been* a more important *issue* than today. Republicans, who *have been* strong on the *issue*, believe the American *people* no longer care about it. Democrats, who have been weak on the *issue*, are afraid to raise it.
3. Mavin, an important American painter, never experienced any yearning for a *popular* audience or doubts about his place in American society.
4. An imperturbable *artistic rebel*, Mavin was obsessed with the *issue* of freedom.
5. *Violetta Chamorro*, Nicaragua*'s president*, *has had* little experience in *public* life.
6. Her husband's assassination ignited *popular* outrage.
7. *Social* scientists who write about *public* policy occasionally manage to catch up with *popular* wisdom. *More rarely*, they manage to improve on it.
8. Morality and ethical standards *have long been* factors in international affairs. *What* is new in the field *has been* the explosion in the amount *of* literature on this subject. This is because of *popular* interest in foreign policy *issues*.
9. The whole affair was a *public* disaster.
10. International, *cooperative* scientific research is becoming ever more critical, and *we* must deal with *issues* of national security, competitiveness, and pride *that make such cooperation difficult*.
11. *As people* gain more information, and *political leaders* react to that reality, the forum of *public* opinion often *controls* the resolution of *issues*. Society will require greater attention to the quality of information available to the electorate, so that *public* judgement can achieve a higher level of sophistication.

Haben Sie erkannt, daß alle übersetzungstechnischen Probleme, die durch die kursivgedruckten Wörter oder Wendungen entstehen könnten, im Verlauf dieses Buches besprochen werden?

Text 8: Upheaval
Textsorte: Kommentar

Ausgangstext und Übersetzungsauftrag

Staatliche Prüfung für Übersetzer und Dolmetscher
Übersetzung aus dem Englischen – Allgemeiner Text
Arbeitszeit: $1^1/_2$ Stunden

What looks and often feels like social upheaval is a bedrock virtue in a capitalistic world.

America's culture is America's greatest potential strength. Something about American values has enabled ordinary people, assembled haphazardly from around the world, to build the largest, richest and freest economy in history and to do so mainly through voluntary actions rather than state direction. The essence of this approach, the true American genius, is a talent for disorder.

Few other societies could endure the unsettled conditions that have always typified America. Many would be shattered by the threat of substantial immigration. Few other Western societies have seen women's role change as dramatically as in the United States. In 1980, one American family in 30 moved to a different state. Only one of 90 families in England and one of 80 in West Germany made similar moves.

America not only can tolerate these disruptions, it needs them. Ceaseless internal change is good for the country. It causes America to bring out the best voluntary efforts of its ordinary people by offering them the constant prospect of changing their fortunes, their identities, their roles in life. Americans are most likely to try hard, adapt and succeed when they believe that they can improve their luck, that the rules of competition are more or less fair and that if they take a risk and fail, they won't be destroyed.

America's talent for disorder allows it to get surprising results from average people by putting them in situations where old rules and limits don't apply. That's the meaning of immigration, of the frontier, of leaving the farm for the big city, of going to college or night school to make a new start. No other society has managed disorder so well in the past; none of its competitors needs to keep promoting disorder, by endlessly rotating establishments, as much as America does.

Aus: James Fallows in *Dialogue* 2/1990 p. 8

Ein weiterer Prüfungstext aus *Dialogue* (→→ Text 7), er ist im 2. Quartal 1990 erschienen. Auch dieser Text ist aus dem Zusammenhang gerissen: Es fehlen die eigentliche Überschrift, die einleitenden Bemerkungen und das Bild des Originals, aus denen sich der Sinn des Textes viel leichter erschließen ließe. Vertrauen Sie darauf, daß den Korrigierenden diese Schwierigkeiten bewußt sind und daß auch in einer Abschlußprüfung nur Menschenmögliches von Ihnen verlangt wird.

! Gehen Sie von dem aus, was Ihnen vorliegt.
Bearbeiten Sie es mit den Kenntnissen und Techniken, die Ihnen zur Verfügung stehen.

Die Textsorte ist wieder ein Kommentar (→→ Teil II, S. 96), allerdings nimmt der Autor hier nicht zu einem aktuellen Problem Stellung, sondern beschreibt ein – ja, was denn eigentlich?

1. Lesen Sie den Text sooft durch, bis Sie diese Frage beantworten können!

2. Nehmen Sie dabei ein Blatt Papier zur Hand und schreiben Sie **ohne lange nachzudenken und ohne bereits auszuwählen** alle Begriffe auf (auch längere Wendungen), die Ihnen im Zusammenhang mit diesem Thema **auf deutsch** einfallen.

3. Versuchen Sie nun gezielt, die zentralen Begriffe *talent for disorder* und *unsettled conditions* zu übersetzen. Orientieren Sie sich nicht an den englischen Wörtern, suchen Sie nach einer wirklich deutschen Wendung, die auch länger sein kann.

4. Übersetzen Sie erst jetzt den ganzen Text. Sehen Sie sich dabei immer wieder Ihr Blatt mit den deutschen Begriffen an, vielleicht können Sie den einen oder anderen einbauen.

Anbei: Im Original handelt es sich um einen Auszug aus James Fallows' 1989 erschienenen Buch *More Like Us*, in dem er die amerikanische Gesellschaft mit der japanischen vergleicht, das *Japanese talent for order* mit dem *American talent for disorder*.

Kommentierte Musterlösung

Teil 1: Überschrift und 1. Absatz

Folgende Übersetzungsvarianten wurden angeboten: die jeweils erste Variante im Kursivdruck erschien uns am passendsten.

Wie hätten Sie korrigiert? Bedenken Sie, daß in einer Prüfungssituation keine „druckreifen" Lösungen verlangt werden können! Bewerten Sie mit

gut **+** möglich ○ nicht möglich –

Was oft den Anschein
Was oft den Eindruck und das Gefühl ☐
Was sich oft ... so darstellt und auch so empfunden wird ☐
Das, was ... ☐

einer gesellschaftlichen Umwälzung erweckt,
Umsturzes der Gesellschaft ☐
sozialen Aufstands ☐ Aufruhrs ☐ Revolution ☐
Unruhe ☐ Aufbruchs ☐ Umbruchs ☐

ist in Wirklichkeit ein Phänomen, das
tatsächlich ☐ in der Tat ☐ eigentlich ☐ wohl (Füllwort!) ☐
eine felsenfeste ☐ fundamentale ☐ unumstößliche ☐ feste ☐
positive Eigenschaft ☐ Grundpfeiler ☐ Kardinaltugend ☐ grundlegende Tugend ☐

in einer kapitalistischen Welt unabdingbar ist.

Amerikas Kultur ist auch Amerikas größte potentielle Stärke.
Irgend etwas an den amerikanischen Wertvorstellungen
Eigenschaften Amerikas ☐
Werten Amerikas ☐

hat die aus aller Welt bunt zusammengewürfelten,
zufällig ☐ irgendwie ☐ willkürlich ☐ wahllos ☐ versammelten ☐
zusammengetroffenen ☐ zusammengekommenen ☐ angesammelten ☐
die der Zufall aus aller Welt zusammengeführt hat ☐

ganz normalen Menschen
normale ☐ gewöhnliche ☐ einfache ☐ durchschnittliche Menschen ☐
Leute ☐ Durchschnittsbürger ☐

in die Lage versetzt, das größte, reichste und freieste Wirtschaftssystem
Wirtschaft ☐ Volkswirtschaft ☐

in der Geschichte aufzubauen und dies hauptsächlich
eher durch ... als durch ☐
eher durch ... und nicht durch ☐

durch die Eigeninitiative des einzelnen
freiwilliges Handeln einzelner ☐
freiwillige Aktionen ☐

und weniger durch staatliche Lenkung.
staatliche Weisung ☐ Führung ☐ Anweisung ☐
Anleitung ☐ Verfügung ☐ Direktiven ☐

Das Wesentliche dieses Ansatzes,
Essentielle ☐ die Essenz ☐ das Eigentliche ☐
dieses Wegs ☐ der Entwicklung ☐ dieses Fortschritts ☐
Versuchs ☐ Annäherung ☐ Einstellung ☐
Geisteshaltung ☐ Haltung ☐ Verhaltens ☐

der wahre Genius der Amerikaner,
der wahre Geist ☐
das amerikanische Genie ☐

liegt in der Fähigkeit, mit sich stets verändernden Verhältnissen fertigzuwerden.
in der Fähigkeit zur Unordnung ☐ zur Unruhe ☐
Talent für ☐ Talent zur Unordnung ☐
Talent zum ständigen Aufbruch ☐
Talent, ein rastloses Leben zu führen ☐
Begabung, in einem Zustand der Ungeordnetheit zu leben ☐
in unordentlichen ☐ ungeordneten Verhältnissen ☐
das Chaos zu beherrschen ☐
mit dem Chaos umzugehen ☐ mit dem Durcheinander fertigzuwerden. ☐

Teil 2: Zeilen 6–23

Nur *wenige* andere Nationen könnten diesen ständigen Umbruch bewältigen, der Amerika *schon immer ausmachte.* Viele *würden* an der Bedrohung durch große *Einwanderungsströme zerbrechen. In* wenigen anderen westlichen Ländern *hat sich* die Rolle der Frau so *stark verändert* wie in den USA. 1980 zog jede 30. Familie in einen anderen *Bundesstaat* um, *dagegen unternahmen* nur jede 90. Familie in England und jede 80. Familie in der *BRD* einen vergleichbaren Umzug.

Amerika *vermag* nicht nur diese Umbrüche zu *verkraften*, es braucht sie *sogar.* Unablässiger *innerer* Wandel tut dem Land gut. *So bieten sich in Amerika dem Durchschnittsbürger immer wieder neue Aussichten darauf*, seine Lebensbedingungen, seine Identität, seine Rolle im Leben zu ändern, *was ihn veranlaßt, aus freien Stücken sein Bestes zu geben.* Die Amerikaner strengen sich dann am ehesten an, passen sich an und haben Erfolg, wenn sie der Meinung sind, daß sie ihr Schicksal positiv beeinflussen können, daß die Spielregeln mehr oder weniger fair sind und daß es nicht *ihren völligen Untergang bedeutet*, wenn sie ein Risiko eingehen und scheitern.

Die Fähigkeit der Amerikaner, *mit sich stets verändernden Verhältnissen fertigzuwerden, führt zu* überraschenden Ergebnissen beim *Durchschnittsbürger*, dadurch, daß dieser vor Situationen *gestellt wird, in denen* alte Regeln und *Beschränkungen* nicht mehr gelten. Darin liegt die eigentliche Bedeutung *der* Einwanderung, *des Pioniergeists, der Landflucht, des Neubeginns durch Weiterbildung* an einem College oder einer Abendschule. Keine andere Gesellschaft ist in der Vergangenheit *mit diesen sich stets verändernden Verhältnissen* so gut *fertiggeworden*, und *kein anderer Industriestaat* hat es so sehr nötig wie Amerika, diese sich verändernden Verhältnisse ständig zu fördern *durch eine unablässige Umschichtung der gesellschaftlichen Gegebenheiten* (durch eine endlose Umstrukturierung der Gesellschaft / dadurch, daß etablierte Institutionen in einem fort durch andere abgelöst werden).

I. Beantwortung der Leitfragen

zu 1.

soziokultureller Hintergrund

Der Autor beschreibt ein typisches amerikanisches Phänomen, die soziale und geographische Mobilität der Bevölkerung. Diese Eigenschaft wertet er positiv, ja er stellt sie als unverzichtbar für die amerikanische Gesellschaft, als deren Essenz dar. Sie zeigte sich früher darin, daß die Grenze immer weiter nach Westen verschoben wurde, daß ungeachtet aller Schwierigkeiten immer neues Land besiedelt wurde (*frontier*), früher wie heute darin, daß Amerika ein Einwanderungsland ist, in der Landflucht, in der ständigen beruflichen Neu- und Umorientierung.
Siehe Text Z. 6–10 und Z. 19–21

zu 2.

Welche deutschen Wendungen haben Sie sich aufgeschrieben?

Flexibilität, Veränderungen, Ungewohntes, Unvorhergesehenes, mit einer neuen Situation fertigwerden, alles ist im Fluß, soziale und geographische Mobilität, Landflucht, Umbruch der Gesellschaft, eine Nation, in der sich alles ständig verändert, ständige Neuorientierung, freiwilliges Handeln einzelner, Eigeninitiative, jeder fängt immer wieder neu an, vom Tellerwäscher zum Millionär, das Land der unbegrenzten Möglichkeiten, schrankenlose Freiheiten.

zu 3.

Dem Leser des AT sagen die zentralen Begriffe

a. *talent for disorder* und

b. *unsettled conditions* aufgrund seines soziokulturellen Hintergrunds sehr viel mehr als dem deutschen Leser der Übersetzung. Die Hauptschwierigkeit der Übersetzung liegt deshalb darin, griffige deutsche Formulierungen zu finden, die auch der deutschen Leserschaft leichten Zugang zu der dargestellten Problematik ermöglichen.

a. „Talent zur Unordnung" wäre griffig, aber wir assoziieren damit nicht das Gemeinte, sondern eher Schlampigkeit.

Eine Möglichkeit besteht darin, den Begriff zunächst erklärend zu übersetzen und dann eine Formel einzuführen:

- das Talent der Amerikaner, mit sich stets verändernden Verhältnissen fertigzuwerden (für Z. 5);
- das Talent zum ständigen Aufbruch (für Z. 18, Z. 21).

Eine andere Möglichkeit ist die Wiederholung der erklärenden Übersetzung (siehe Musterlösung).

b. *unsettled conditions* bezieht sich auf *disorder* und wird selbst in Z. 11 durch *disruptions* wiederum aufgenommen.

Bei der Übersetzung kann durch das Einfügen von „dieser" vor „Umbruch" größere Verständlichkeit erreicht werden und auch dadurch, daß „Umbruch" für die Begriffe in Z. 6 und Z. 11 einfach wiederholt wird.

Weitere Begriffe, die vor dem soziokulturellen Hintergrund gesehen werden müssen:

c. *social upheaval* – kann kaum eine Revolution oder ein Umsturz sein – wer würde in den USA daran denken!

d. *state* Z. 9 – Staat bedeutet im Deutschen etwas anderes, also hier Bundesstaat.

e. *West Germany* Z. 10 – Bundesrepublik, BRD, mittlerweile auch Deutschland, **nicht** Westdeutschland.

f. *frontier/leaving the farm for the big city/college*

Z. 20 *the frontier* – damit ist die Grenze zum Wilden Westen gemeint, der Begriff muß immer wieder anders übersetzt werden je nach Kontext, hier: Pioniergeist (siehe auch unter 1).

Z. 20 *leaving the farm for the big city* – Landflucht. Wir haben dieses Wort gewählt, weil es kein anderes ähnlich prägnantes Wort mit positiven Konnotationen gibt.

Z. 20 *college* – hier einfach mit College übersetzen, nähere Erklärungen sind unnötig.

g. Z. 22 *its competitors* – Konkurrenten ist hier zu stark.

h. Z. 22/23 *by endlessly rotating establishments* – durch eine unablässige Umschichtung der gesellschaftlichen Gegebenheiten (eine Gesellschaft, in der alles im Fluß ist); nicht im Sinne von „Establishment" übersetzen.

II. Textinterne Faktoren

1. textsortenspezifische Faktoren

Stilebene

Der Stil ist schriftsprachlich bis gehoben, mit zum Teil langen Satzkonstruktionen. Diese Stilebene sollte bei der Übersetzung beibehalten und nicht vereinfacht werden, also:

a. Satzbau

Nicht aus einem langen Satz zwei kurze machen, sondern eher umgekehrt!

Z. 1–Z. 4 Im Deutschen ein Satz!
assembled ... – Wandeln Sie den Relativsatz im Deutschen in ein Attribut um.

Z. 9–Z. 10 Im Deutschen ein Satz!

Z. 12–Z. 14 Personifikation vermeiden und kürzen (siehe Musterlösung).

Z. 19–Z. 21 Komposita statt Nebensätzen: *leaving the farm for the big city* – Landflucht
to make a new start – Neubeginn

b. Keine umgangssprachlichen Ausdrücke verwenden!

Z. 2 *people* – nicht: Leute;
➔➔ AB 13 „people“, S. 77–78

Z. 10 *made* – nicht: machten das gleiche;
➔➔ Teil II „Stilebene“, S. 129

Z. 12 *to bring out* – nicht: das Beste aus ihnen herausholen;

Z. 19 *where* – nicht: wo;

Z. 19/20 *the meaning of immigration* – nicht: die Bedeutung von Einwanderung.
➔➔ Text 5 „Splendour“, Genitiv, S. 40

2. allgemeine übersetzungstechnische Probleme

Keine wörtlichen Übersetzungen für:

Z. 2 *assembled*

Z. 7 *shattered*

Z. 17 *destroyed*

Z. 19 *limits*

Z. 23 *establishments*

Komposita

Z. 2 *values* – Wertesystem

Z. 4 *voluntary actions* – Eigeninitiative

Z. 7 *substantial immigration* – Einwanderungsströme

Wortartenwechsel

Überschrift: *looks and feels* – den Anschein erweckt

Fremdwörter

Z. 1 *culture* – „Kultur“ ist möglich, besser ist allerdings „die amerikanische Lebens- und Denkweise“.

➔➔ Text 7 „Television“, die Anmerkung zu *culture*, S. 57

Z. 4 *actions* – keine Aktionen, sondern das Handeln;

Z. 8 *dramatically* – hier nicht dramatisch, sondern stark; oft auch drastisch;

Z. 11 *tolerate* – nicht tolerieren, sondern verkraften;

Z. 11 *internal* – nicht intern, sondern innerer Wandel.

immer wiederkehrende Problemwörter

Überschrift *social* – hier nicht sozial
➔➔ AB 3 „social“, S. 19

Z. 2 *ordinary people* – ganz normale Menschen
Was sind normale oder gar gewöhnliche oder einfache Menschen?
Und sind *people* immer Leute?
➔➔ AB 13 „people“, S. 77–78

Z. 18 *allow* – kann häufig nicht mit „erlauben“ übersetzt werden, z.B.:

They allowed themselves to be deceived by his words – Sie ließen sich durch seine Worte täuschen.

Stützwörter

Im Deutschen unnötige Stützwörter vermeiden:
Z. 3 *to do so* – und dies

Z. 23 *as America does* – wie Amerika

Füllwörter

Aber im Deutschen Füllwörter verwenden:
Überschrift ... *is a bedrock virtue* – ist wohl/eigentlich eine ...
Z. 11 *it needs them* – es braucht sie sogar.

Satzbau

Z. 16 *that if* – zuerst den NS mit „daß“ und dann den NS mit „wenn“; auf keinen Fall: daß wenn.
➔➔ Teil II „englischer Satzbau“; lesen Sie sich dort die grundsätzlichen Überlegungen durch (S. 105–107), und üben Sie mit

➔➔ AB 14 „Satzbauhürden, S. 85–86

would

Z. 7 Welche Bedeutung hat *would* hier? Welche Bedeutung kann es überhaupt haben?
➔➔ Text 7 „Television and Theater", S. 54–55

present perfect

Vorsicht mit dem englischen *present perfect*! Es entspricht nicht immer dem deutschen Perfekt.
➔➔ Text 7 „Television and Theater", S. 56
Beachten Sie also den Kontext.
Mit welchen Zeiten haben Sie *present perfect* in diesem Text übersetzt?
Z. 2 Perfekt oder Imperfekt
Z. 6 Imperfekt + schon immer
Z. 8 Perfekt / Imperfekt ist hier falsch!
Z. 21 Perfekt oder Imperfekt sind möglich.
In diesem Text wird *present perfect* nicht mit deutschem Präsens übersetzt, achten Sie aber bei jedem Text darauf!

zweigliedrige Konjunktionen

Z. 3/4 *mainly through ... rather than*
➔ AB 11 „Stolpersteine", S. 69

Personifikation

Amerika wird ebenso wie die anderen Länder in diesem Text an verschiedenen Stellen personifiziert:
Z. 1 *America's* – durch den s-Genitiv
➔➔ Text 3, „New York City", S. 23

Z. 8, Z. 11, Z. 12, Z. 18, Z. 19 – Durch die Verben (*have seen*, *tolerate*, *to bring out*, *allow*, *put*) werden die Subjekte (*societies*, *America*) zu aktiv handelnden Wesen.

Die Personifikation eines Landes ist grundsätzlich auch im Deutschen möglich, aber nicht immer:
Z. 7–9 *Few other Western societies have seen women's roles change ...*
In wenigen anderen Ländern hat sich die Rolle der Frau ...
Im Deutschen: anderes Subjekt, anderes Verb.

Z. 12–14 *It causes America to bring out ...* – Ein ganz schwieriger Satz! *It* bezieht sich auf *internal change*, also wörtlich: „Er (der Wandel) bringt Amerika dazu, das Beste aus seinen Leuten herauszuholen."
Das ist im Deutschen natürlich völlig falsch und dient nur als gedankliche Hilfskonstruktion. Möglich wäre:
Er (der Wandel) bewirkt, daß ..., indem ihnen ... geboten wird (Passiv statt Aktiv und daß-Satz statt Infinitiv: ➔➔ AB 9 „Infinitiv", S. 47–49).
Geschickter übersetzen Sie, wenn Sie wie in der Musterlösung den zweiten Teil des englischen Satzes vorziehen und den Bezug durch „so" herstellen.
Vermeiden Sie die Personifikation durch ein anderes Subjekt, andere Verben und Passiv statt Aktiv (siehe Musterlösung).

Z. 18/19 *America's talent for disorder allows it to get ... – it* bezieht sich auf Amerika (➔➔ AB 7 „it", S. 34–35), hier wird die Personifikation im Deutschen ebenfalls durch ein anderes Verb und Passiv aufgehoben: die Fähigkeit ... führt dazu, daß dieser ... gestellt wird ...

Eine zusammenfassende Übersicht finden Sie unter: „Personifikation", Teil II „Rhetorische Stilmittel", S. 115, und denken Sie daran: Personifikationen sind im Deutschen seltener als im Englischen!

III. Deutsche Grammatik und Rechtschreibung

Genitiv – Apostroph

Im Deutschen erfolgt die Genitivbildung grundsätzlich ohne Apostroph, auch bei ausländischen Namen.

Einzige Ausnahme:
Namen, die auf s, ss, ß, tz, z, x, engl. th enden, z.B. Bordeaux' Brücken, Grass' Blechtrommel.
Deshalb Z. 1 *America's* – Amerikas, nicht Amerika's
Z. 1 *potential* – potentiell, nicht potenziell

Präpositionen

Z. 5 *talent for disorder*
– Talent zum Dichter
– Begabung für Sprachen
– Fähigkeit zum Führen
Eine bessere Lösung ist hier ein Begriff + NS: eine Fähigkeit, mit etwas fertigzuwerden.

Es gibt kein „Talent für Unordnung", sondern nur ein „Talent zur Unordnung", viel besser aber noch ein „Talent, alles in Unordnung zu bringen"!

Z. 6 *few other societies* – „**wenig** andere Gesellschaften" bedeutet „Gesellschaften, die sich wenig unterscheiden", das ist etwas anderes als „**wenige** andere Gesellschaften"!

Hatten Sie Schwierigkeiten mit dem Fremdwort? **Dann geben Sie Ihrem Deutsch den letzten Schliff!** Bearbeiten Sie jetzt gleich die Übungen in Teil II zum Fremdwort, S. 121.

Lösung zu Teil 1 der Übersetzung

Was oft den Anschein
Was oft den Eindruck und das Gefühl [○]
Was sich oft ... so darstellt und auch so empfunden wird [○]
Das, was ... [–]

einer gesellschaftlichen Umwälzung erweckt,
Umsturzes der Gesellschaft [–]
sozialen Aufstands [–] Aufruhrs [○] Revolution [–]
Unruhe [○] Aufbruchs [–] Umbruchs [○]
→→ AB 3 „social", S. 19

ist in Wirklichkeit ein Phänomen, das
tatsächlich [○] in der Tat [–] eigentlich [+] wohl [+] (Füllwort)
eine felsenfeste [–] fundamentale [+] unumstößliche [○]
positive Eigenschaft [○] Grundpfeiler [○] Kardinaltugend [+]
grundlegende Tugend [○]

in einer kapitalistischen Welt unabdingbar ist.

Amerikas Kultur ist auch Amerikas größte potentielle Stärke.
Irgend etwas an den amerikanischen Wertvorstellungen
Eigenschaften Amerikas [–]
Werten Amerikas [–]

hat die aus aller Welt bunt zusammengewürfelten,
zufällig [–] irgendwie [○] willkürlich [–] wahllos [–] versammelten [–]
zusammengetroffenen [–] zusammengekommenen [○] angesammelten [–]
die der Zufall aus aller Welt zusammengeführt hat [○]

ganz normalen Menschen
normale [–] gewöhnliche [–] einfache [–] (ohne „ganz“!)
durchschnittliche Menschen [○]
Leute [–]
Durchschnittsbürger [○]

in die Lage versetzt, das größte, reichste und freieste Wirtschaftssystem
Wirtschaft [–] Volkswirtschaft [○]

in der Geschichte aufzubauen und dies hauptsächlich
eher durch ... als durch [○]
eher durch ... und nicht durch [–]

durch die Eigeninitiative des einzelnen
freiwilliges Handeln einzelner [○]
freiwillige Aktionen [–]

und weniger durch staatliche Lenkung.
staatliche Weisung [–] Führung [○] Anweisung [○]
Anleitung [–] Verfügung [–] Direktiven [+]

Das Wesentliche dieses Ansatzes,
Essentielle [○] die Essenz [○] das Eigentliche [○]
dieses Wegs [–] der Entwicklung [–] dieses Fortschritts [–]
Versuchs [–] Annäherung [–] Einstellung [○]
Geisteshaltung [○] Haltung [○] Verhaltens [○]

der wahre Genius der Amerikaner,
der wahre Geist [○]
das amerikanische Genie [–]

liegt in der Fähigkeit, mit sich stets verändernden Verhältnissen fertigzuwerden.
in der Fähigkeit zur Unordnung [–] zur Unruhe [○]
Talent für [–]
Talent zur Unordnung [–]
Talent zum ständigen Aufbruch [+]
Talent, ein rastloses Leben zu führen [+]
Begabung, in einem Zustand der Ungeordnetheit zu leben [+]
in unordentlichen [–] ungeordneten [○] Verhältnissen
das Chaos zu beherrschen [○]
mit dem Chaos umzugehen [○]
mit dem Durcheinander fertigzuwerden [–]

Wie bereits gesagt, sind viele der hier als „gut +“ bewerteten Varianten natürliche keine „druckreifen“ Lösungen, so kann z.B. in der Überschrift *upheaval* – „eine gesellschaftliche Umwälzung“ logischerweise nicht mit *virtue*, einer „Tugend“ gleichgesetzt werden. Dies wurde dennoch nicht als Fehler bewertet.

Arbeitsblatt 11

Stolpersteine

Würden Sie auch darüber stolpern – wie die Sprachstudentinnen, die sich mit folgenden Sätzen in Übungs- und Prüfungstexten konfrontiert sahen?
Die Stolpersteine ordnen sich in drei Sinngruppen:

Bezugnahme

at that rate

1. The Zurich Art Museum has offered to buy three Nägeli drawings for SFr 15,000. At that rate, the citizens of Zurich may come to regret the obliteration of most of the figures Nägeli had bequeathed them gratis.

as it were

2. Even the man doing the most menial task can feel his importance. He is doing his bit as it were, everybody is pulling together for a common cause.
3. Had the cold war persisted another decade or so, a federal Western Europe might have been established in the shelter, as it were, of the Berlin Wall.

for that matter

4. What remains is nagging doubt about the strength and viability of American capitalism and, for that matter, the viability of the whole system of government.
5. But there was no sign that the shootings were meant as political protest or, for that matter, anything else.

Verstärkung und Graduierung

all but

6. Pnin had all but lapsed into velvety oblivion when some frightful accident happened outside. (Nabokov, *Pnin*. 69)
7. Since monetary union, eastern Germany has all but collapsed.

as often as not / more often than not

8. "And for your information. I win as often as not".
   (John Updike, *Rabbit at Rest*: 73)
9. One person's interpretation of something is more often than not different from his neighbour's.

as likely as not / more likely than not

10. Researchers tend to assume that the results which suit their theory are as likely as not correct.

11. Though many doors are open to talent, being rich or poor is more likely than not to carry over from generation to generation.

nothing if not

12. These bureaucrats are nothing if not logical.
13. But then, as Miss Jakes, who taught Class 4 and came from London, had remarked, Mrs Windsor was nothing if not child-centred. Soppy, that is. (Fay Weldon, *Moon over Minneapolis*: 137)

if anything

14. "Harry, there's no need to speed. We're early if anything". (Updike, *Rabbit ...*: 3)
15. If anything, economists say, the climb out of poverty has got harder in the last decade or two.

rather than

16. Pride rather than greed is the main reason why people set up in business despite long hours for small rewards, a survey revealed.
17. Rather than making Britain more attractive to overseas visitors, this measure will only focus attention on the wide disparity that already exists between Britain and other countries.

Einschränkung oder Einräumung

albeit

18. Today the university remains largely what it was before the distant echoes of gunfires disturbed, albeit superficially, its academic loftiness.
19. After years of longing for the fruits of capitalism, the people in Eastern Europe are finding that the old system really was a worker's paradise, albeit a shabby one.

anything but

20. Relations between the two countries have been anything but amicable.

barring/bar

21. Barring last-minute Anglo-German talks it looks like materialising next Sunday.
22. Bar Britain sinking beneath the waves before then, or some cosmic disaster, we're going to need to know how we can best shape our future.

but for

23. But for this flaming urge, civilization would have been impossible.

for all

24. For all its extraordinary capacities, information technology remains a tool of management, not a substitute for it.
25. For all the barriers that have disappeared between east and west, understanding is still lacking on both sides.

Text 9: Victorian People
Textsorte: Schilderung

Ausgangstext und Übersetzungsauftrag

Einzelprüfungsnr.: 62612/Seite 2

Victorian People and Ideas

To the Victorian mind, the coming of the railway was the great demarcation line between past and present. The lumbering passenger and mail coaches soon vanished from the roads, and the inns where they had once stopped lapsed into drowsiness or gave way to a novel species of traveller-serving buildings. These massive structures, their train sheds often imitating in iron the lofty naves of cathedrals, became at once a focal point, lording it over town hall, churches, and business buildings.

The compact town of the past, where no street was more than a few minutes walk from open fields, gave way to cities in whose centres ugly banks and looming warehouses covered the sites of artisans' shops. Each city had its fashionable neighbourhoods – and more than its share of slums huddled near the mills and the railway lines and rivers that had determined their location. The factory chimneys, poking up thickly alongside the old towers and spires in distant prospects of the city, were an ever-present reminder of how much the world had changed in a few years.

The symbolism was not lost upon the onlookers; the city, like the railroad, had a profound impact on sensibilities. It was overwhelming, no matter in what light one was disposed to look at it. Some, like the younger Dickens, found it exhilarating in its complexity. They found a fearful beauty in its sheer mass, and discovered less imposing but still striking qualities, ranging from the picturesque to the grotesque, in its smaller dimensions. They were fascinated by the changes wrought by wreckers and builders – changes which, unlike those in the country, were unrhythmic and unrepetitive, never doubling back on themselves.

But if the spectacle enthralled, it also appalled. The city's ugliness finally obscured its grandeur; the wretchedness of most of its inhabitants mocked the luxury of the few. And, perhaps worst of all, it was crowded with anonymous strangers bent only on surviving the competitive turmoil of what the Victorians often chose to call "the monstrous ant-hill". Paradoxically, the closer people were brought together physically, the farther apart they drifted in any social or spiritual sense.

(From R.D. Altick, *Victorian People and Ideas*, London 1974)

Es handelt sich hier um den Text der Staatsprüfung für ein Lehramt (vertieft) der Universität München vom Frühjahr 1991. Quelle des Prüfungstextes ist das 1974 in London erschienene Buch *Victorian People and Ideas* von R.D. Altick.

Leitfragen

1. zum soziokulturellen Hintergrund

Welche Vorstellungen verbinden Sie mit der hier geschilderten Zeit?

(Denken Sie daran, Königin Viktoria regierte von 1837–1901, denken Sie an die Epoche des Realismus, die Romane von Dickens und Thackeray!)

Notieren Sie sich spontan einige Begriffe!

2. zur Textsorte

Mit welchen Attributen würden Sie Inhalt und Sprache kennzeichnen?

Nicht als nüchtern, sachlich, faktisch, objektiv, knapp – sondern?

Hilfreich zur Beantwortung von Frage 2 und für die textsortengerechte Übersetzung ist das Theoriekapitel „Schilderung“ ➔➔ Teil II, S. 98.

Kommentierte Musterlösung

Die Menschen und ihre Vorstellungswelt im viktorianischen Zeitalter

Für die Menschen zur Zeit Königin Viktorias bedeutete *der Bau der ersten Eisenbahnlinien* das Ende der Vergangenheit und den Beginn der Zukunft. Die dahinrumpelnden Reise- und Postkutschen verschwanden bald von den Straßen, und die Gasthäuser, bei denen sie Halt gemacht hatten, versanken im Dämmerschlaf oder wurden durch eine neue Art von Gebäuden zur Versorgung der Reisenden ersetzt. Diese mächtigen Gebilde mit ihren oft gußeisernen, den erhabenen Kirchenschiffen der Kathedralen nacheifernden Bahnhofshallen, wurden augenblicklich zum *Mittelpunkt des Geschehens*, machten sich breit neben Rathäusern, Kirchen und Geschäftsgebäuden.

Die *in sich geschlossene Kleinstadt* der Vergangenheit, in der von jeder Straße aus das *freie Feld* in ein paar Minuten zu erreichen war, mußte der *Großstadt* weichen, in deren Zentrum häßliche Banken und klotzig aufragende Lagerhäuser die Stelle einnahmen, wo einst die *Werkstätten* der Handwerker waren. Jede Stadt hatte ihre vornehmen/feinen Gegenden – und einen übermäßig großen Anteil an *Elendsvierteln*, die sich nahe der *Fabriken*, Bahngleise und Flüsse ballten, die ihre Ansiedlung verursacht hatten. Die Fabrikschlote, die in Stadtansichten/Ansichten, die die Stadt aus der Ferne zeigten, neben den alten Türmen und Kirchturmspitzen mächtig hochragten, *gemahnten* ständig daran, wie sehr sich die Welt innerhalb weniger Jahre verändert hatte.

Diese *Symbolik* verfehlte ihre Wirkung auf *den Betrachter* nicht: die Stadt hinterließ wie die Eisenbahn einen tiefen *Eindruck im Gemüt*. In welchem Licht man *die Stadt* auch sehen *mochte*, sie war überwältigend. Manche, wie der junge Dickens, fanden sie faszinierend in ihrer Vielgestaltigkeit. In der schieren Größe ihrer Masse sahen sie eine *beängstigende* Schönheit, und im kleinen entdeckten sie zwar weniger *imposante*, aber dennoch auffallende *Eigentümlichkeiten*, die vom Malerischen/*Pittoresken* bis zum Grotesken reichten. Die durch *den Abbruch und Wiederaufbau* verursachten Veränderungen faszinierten sie – Veränderungen, die im Gegensatz zu denen auf dem Land keiner bestimmten Gesetzmäßigkeit unterlagen, keine Wiederholung kannten, einmalig waren.

Aber entzückte das Schauspiel, so erschreckte es auch. In der Häßlichkeit der Großstadt *verlor sich* letztendlich ihr Glanz. Das Elend der meisten ihrer Bewohner sprach dem Luxus der wenigen Hohn. *Das schlimmste aber war* vielleicht, daß sich in ihr anonyme Fremde drängten, denen es nur darauf ankam, im Überlebenskampf der *von den Viktorianern gern* als „monströser Ameisenhügel" bezeichneten Stadt zu bestehen. Das Paradoxe war, je enger die *Menschen* physisch zusammenrücken mußten, um so mehr strebten sie in *jeder* sozialen und geistigen Hinsicht auseinander.

I. Beantwortung der Leitfragen

zu 1.
soziokultureller Hintergrund

Sicher ist Ihnen die Welt des mittleren und späten 19. Jahrhunderts aus Schulunterricht, Lektüre, Filmen etc. ein Begriff. Bilder der Industriellen Revolution mit ihren enormen Gegensätzen, dem Siegeszug der Technik einerseits und den verheerenden sozialen Folgen andererseits – von Dickens in seinen Romanen so eindringlich geschildert – mögen Ihnen in den Sinn kommen. Die Viktorianische Ära ist wie die Gründerzeit in Deutschland (1870–1900) eine Zeit technischer Neuerungen, wirtschaftlicher Blüte, eines aufwendigen großbürgerlichen Baustils – und gesellschaftlicher Umwälzungen.

Vielleicht haben Sie vor Ihrem geistigen Auge die bombastischen Bankgebäude, die gußeisernen riesigen Bahnhofshallen, wie man sie in London heute noch bewundern kann, aber auch die qualmenden Fabrikschlote, die wuchernden Großstädte und das Elend der Massen.

Übersetzen Sie aus diesem Wissen heraus! Dann wissen Sie auch, wie *artisans' shops* (Z. 9) und *mills* (Z. 10) zu übersetzen sind.

zu 2.
Textsorte

In dieser Schilderung des viktorianischen England wird die Atmosphäre der Zeit in einer wohlklingenden, bildhaften Sprache und in wohlausgewogenen, rhythmischen Sätzen eingefangen. Es werden nicht Einzelheiten kurz und knapp benannt, sondern alles ist bedeutsam und ausdrucksstark.

Sind Ihnen Attribute wie die folgenden eingefallen:
anschaulich
bildhaft
weit ausladend
subjektiv
lebendig
Atmosphäre schaffend
Stimmung erzeugend
literarisch
anspruchsvoll
wohlklingend?
Dann liegen Sie richtig!

II. Textinterne Faktoren

1. textsortenspezifische Faktoren

Die oben genannten Attribute sollten auch auf die Übersetzung zutreffen!
Im Gegensatz zur Nachricht und zu anderen Sachtexten sollten Sie hier Mittel der Sprachökonomie wie Nominalstil und Komposita eher meiden und **anschaulichen Ausdrücken** den Vorzug geben, d.h. bei Alternativen ist der wohlklingenderen, gehobeneren, literarischeren der Vorzug zu geben.

2. allgemeine übersetzungs-technische Probleme

Gleich zu Beginn sind Sie vielleicht über drei Schwierigkeiten gestolpert:
the Victorian mind
the coming of the railway
traveller-serving buildings

mind – pars pro toto (➔➔ Teil II „Rhetorische Stilmittel", S. 115) steht hier für die Anschauungen der Menschen im viktorianischen Zeitalter.
Wenn Sie im Lexikon nachschauen, gibt es für *mind* etwa 15 verschiedene deutsche Wörter, die aber alle ebensowenig wie *people* und *ideas* mit dem Attribut „viktorianisch" verbunden werden können.
In der Musterlösung ist *mind* soz. im Verbum „bedeuten" enthalten; mögliche Alternativen: „Die Menschen ... hatten den Eindruck, daß ... / Für das Gefühl der Menschen ... war ..

coming – bei einer Übersetzungsübung wurden folgende Alternativen angeboten:
- Ankunft (des Herrn, aber nicht der Eisenbahn!)
- Einzug (der Narren / möglich wäre höchstens: Als die Eisenbahn in England in viktorianischer Zeit Einzug hielt, war dies für die Menschen ...)
- Erfindung (zu punktuell)
- Aufkommen (eines neuen Trends)
- Einführung (der Mehrwertsteuer)

Nichts paßt. Dann müssen wir uns fragen: Was ist letztendlich gemeint? Da die Postkutschen verschwinden: der Bau / die Eröffnung der ersten Eisenbahnstrecken.

traveller–serving buildings – Das können keine „Raststätten" oder „Servicestationen" sein, denn wir sind im 19. Jh. Gleich zu Beginn des folgenden Satzes erfolgt außerdem eine nochmalige Umschreibung: *massive structures, their train sheds ...*, d.h. es sind die Bahnhöfe mit all ihrem Drumherum und ihrem aufwendigen Baustil gemeint.

Problemwörter

people – Überschrift, Z. 26
hier keinesfalls „Leute"
➔ AB 13 „people", S. 77

Z. 9 *artisans' shops* – *shop* steht hier im Sinne von *workshop*, denn im 19. Jh. gab es bestimmt noch keine modischen „Handwerkerläden".
Beachte: *shop* kann auch als Abkürzung von *on the shop floor* die Bedeutung von: Produktion, Fabrik, Arbeiterschaft haben!

Z. 10 *mills* – ebensowenig kann es sich hier um romantische Mühlen handeln! Beachte: *paper mill*, *steel mill* – Papierfabrik, Stahlwerk.

Plural wird Singular

Z. 8 *open fields* – das freie Feld

Z. 14 *upon the onlookers* – Verallgemeinerungen sind im Deutschen meist im Singular!

Z. 15 *sensibilities* – Die „Empfindlichkeiten" des Betrachters sind hier nicht gemeint, höchstens seine Empfindsamkeit oder seine Gefühle.
Auch: einen tiefen Eindruck beim Betrachter hinterlassen/eine große Wirkung auf den Betrachter ausüben.

Kollokationen

Z. 1 *great demarcation line* – wurde hier von uns frei übersetzt; möglich wäre auch: stellte eine klare Grenze / Grenzlinie dar ...
Aber weder eine Grenze, noch eine Trenn- oder Grenzlinie kann „groß" sein, höchstens noch „entscheidend".

Z. 17 *fearful beauty* – Schönheit kann nicht ängstlich, furchterregend etc. sein.

Manchmal ist es besser, im Deutschen wortreicher zu sein:

Z. 5/6 *a focal point* – Mittelpunkt des Geschehens

Satzbau

Z. 4/5 *their train sheds often imitating* – Partizip mit eigenem Sinnsubjekt: auch deren Bahnhofshallen ... nachahmten.

Z. 6 *lording it over* – Es handelt sich hier um Partizipialkonstruktionen ohne Konjunktionen, die Gleichzeitigkeit bzw. Begleitumstände zum Ausdruck bringen. Mit einem anderen Verb („sich breitmachend" wäre zu unschön) ist auch im Deutschen bei diesem gehobenen, literarischen Text eine entsprechende Partizipkonstruktion möglich: die .... (an Bedeutung) überragend.

Z. 24 *perhaps worst of all, ...* – asyndetische Reihung; kann auf keinen Fall im Deutschen übernommen werden!
➔➔ Teil II „englischer Satzbau", S. 105–107

Fremdwort

Überschrift: *ideas* – „Idee" erweist sich meist, so auch hier, als *false friend*; auch: Gedankenwelt / Vorstellungen.

Z. 7 *compact* – kompakt ist unpassend, auch: eng, hat aber negative Konnotation.

Z. 10 *slums* – „Slums" assoziieren wir mehr mit modernen außereuropäischen Großstädten.

Z. 14 *symbolism* – der „Symbolismus" ist eine Gegenströmung zum Naturalismus.

Z. 18 *qualities – false friend*! „Qualitäten" sind immer positive Eigenschaften, nicht so *qualities*. Das englische Wort kann also nicht nur das „Pittoreske", sondern auch das „Groteske" miteinbeziehen.
➔➔ Text 10 „My Father", S. 79

Z. 18 *picturesque* – nur um des Klanges willen ist hier evtl. dem Fremdwort der Vorzug zu geben.

Z. 22 *spectacle – false friend*! Um ein „Spektakel" handelt es sich hier auf keinen Fall. „Schauspiel" ist möglich in bezug auf das Vorangegangene; oder: „Anblick".
Vgl. auch: *a sad spectacle* – ein trauriger Anblick.

what

Z. 25 *of what the Victorians ...* – attributive *what*-Sätze dieser Art sind sehr häufig und bei wörtlicher Übersetzung sehr schwerfällig!
➔ AB 12 „what", S. 76

Wortartenwechsel

Z. 12 *in distant prospects of the city* – es gibt keine „fernen Ansichten"; der Aspekt „aus der Ferne" ist in dem vorgeschlagenen Kompositum „Stadtansicht" enthalten.

Z. 12 *an ever-present reminder* – im Deutschen Verb + Adverb;
nicht: Erinnerung an.

Z. 16 *disposed to look at it* – deutsches Modalverb statt englischem Vollverb.

Z. 19/20 *wreckers and builders* – Das Englische neigt dazu, Zustände, Tatsachen, Eigenschaften personifiziert als Nomen wiederzugeben, während wir im Deutschen gewöhnlich Verben verwenden. Hier: substantivierte Verben.
Vgl.: *He is a great believer in milk*. – Er hält sehr viel von Milch.
Time is a great healer. – Die Zeit heilt alle Wunden.[1]

Z. 25 *chose to call* – englisches Verb wird deutsches Adverb.
➔➔ AB 8 „Wortartenwechsel", S. 40

das verflixte „it"

Z. 6 *lording it over* – Vorsicht! Feststehender Ausdruck: *to lord it* – das Zepter schwingen.

Z. 15, 16, 17 – Vorsicht! *It* bezieht sich auf *the city* in Z. 14.

[1] Eine lange Reihe von Beispielen finden Sie dazu bei Wolf Friedrich, ebd. S. 81 ff.

Im Deutschen muß um der Klarheit willen unbedingt an einer Stelle „die Stadt" wiederholt werden.

→→ AB 7 „Das verflixte *it*", Punkt 1, S. 34

Personifikation

Z. 22 *city's ugliness ... obscured its grandeur* – Ein Abstraktum (*the city's ugliness*) wird zum handelnden Subjekt (*obscured*). Die Personifikation sollte aus stilistischen Gründen beibehalten werden, die direkte Übernahme der englischen Konstruktion ist möglich: die Häßlichkeit der Stadt verdunkelte ihren Glanz. Die Musterlösung erscheint uns jedoch mit dem weniger aktiven Verb „verlor sich" überzeugender.

Zum *s*-Genitiv →→ Text 3, S. 23 und Text 8, S. 66–67

any

Z. 27 *any social or spiritual* – nicht: irgendein; *any* im bejahten Satz hat die Bedeutung von „jede / jede beliebige".

Vgl.: *Any new play by Arthur Miller is an important event in American culture* – Jedes neue Theaterstück von A. Miller ist ein großes Kulturereignis in Amerika.

→→ Text 10 „My Father", S. 84

3. muttersprachliche Kompetenz

keine Wortwiederholungen!

Z. 3/4 und Z. 8 *gave way to* – muß im Deutschen variiert werden!

Wortfeld

massive – lofty – lording it – looming – poking up thickly – sheer mass – dies sind alles Begriffe, die das raumnehmende Sich-Ausdehnen von Gebäuden bezeichnen; im Deutschen ist an einigen Stellen ein zusätzliches Wort nötig, um diese Breiten- oder Höhenausdehnung zum Ausdruck zu bringen (s. Musterlösung).

Z. 7/8 *city – town* – sind hier als Gegensatz gesehen, der im Deutschen nur in der Gegenüberstellung von „Kleinstadt" und „Großstadt" wiedergegeben werden kann.

Hatten Sie Schwierigkeiten, das anschauliche, gehobene Wort zu finden? Dann **steigern Sie Ihre Ausdrucksfähigkeit!** Widmen Sie sich den 3 Wortschatz- und Stilübungen in Teil II, „Denotation – Konnotation", S. 136–137.

Arbeitsblatt 12

what

8 mal „what", aber nicht einmal „was" – sondern ganz anders

I. „what" – in formelhaften Wendungen

Diese „what-Formeln" sind – wörtlich übersetzt – eine schwere Bürde für den deutschen Stil. Es ist besser, zu kürzen und die eine oder andere Nuance dabei zu unterschlagen.

Beispiel:
He saw dangers to the European enterprise in what he considered a reckless rush to political union.

Er sah Gefahren für das europäische Unternehmen in dem *seiner Meinung nach* überstürzten Drang zu politischer Einheit.

1. McNamara estimates that a billion people are living in what he calls "absolute poverty".
2. Beyond deserted watchtowers mark what used to be the border between West and East Germany.
3. Gorbachev got little attention for what was a landslide win by any measure.
4. Nice to hear Munich praised by a young woman who comes from what many would call an 'earthly Paradise'.

II. „what" – als Mittel der Fokussierung

Im Deutschen andere Mittel, z.B.: Füllwörter und Inversion.

5. What has redrawn the map on the speed issue is the decision by the Federal Supreme Court.
6. Which is what other people have said about the whole affair too – that it was blown up out of all proportion.
7. This is what is happening, in spite of diplomatic talk of merger and unification.
8. This approach to producing translations is doomed to failure. What is needed is a systematic method.

Arbeitsblatt 13

people – Leute? figure – Figur? person – Person?

Welche verschiedenen Möglichkeiten der Übersetzung gibt es jeweils? Genügt manchmal auch nur ein Pronomen?

1. Ronald Reagan may still be a triumphant and beloved figure to the American people, but historians who evaluate presidential performance have consigned him to the cellar.
2. The plight of old people living on their own is something that concerns us all.

3. Brandt's tenure as federal chancellor of West Germany was a turning point in the history of the German people, and he himself was a figure of conciliation in both the domestic and foreign policies of a divided nation ...
   Even in semi-retirement, Brandt remained a very public person.
4. The people who provide abortion and the women who seek it are coming under heavy pressure.
5. Leave aside the question of whether capital punishment is right or wrong. If the people choose to execute a criminal, how should it be done?
6. It is difficult for a person to say how he thinks. I'm not thinking as an architect. I'm just thinking. (Calatrava)
7. There is no doubt at all that Henry Miller is a much larger figure than many people might have guessed 30 years ago.
8. In fact, Miller's first-person, picaresque novels are in a sense a throwback to the lusty heroes of Fielding – Tom Jones, for instance.

Text 10: My Father
Textsorte: Charakteristik

Ausgangstext und Übersetzungsauftrag

Einzelprüfungsnr. 2612 / Seite 2

My father is a very intelligent and able man, with a force of character which enabled him to have his own way in most things on which his mind was set. With his natural endowments, he would have achieved success in any walk of life he might have chosen. Originally this was to have been the law, and for this he would have been admirably adapted, intellectually and temperamentally; he was by nature just and fair-minded, and his mind would have been at home in its complexities without being led away into abstractions, because he was essentially practical and commonsense in his judgements. He also had a gift of eloquence and persuasiveness which would have served him well before any jury or court of law.

I have no doubt that, if he had followed his original choice, he would have achieved great distinction even in so fiercely competitive a profession, all the more so, perhaps, because to his other gifts he added the essential arts of the politician. He understood the motives which influence men and assemblies and how to manipulate them, he was patient, persistent and flexible in pursuing his own objectives and was always ready for the compromise which would carry a majority with it. His enemies, of whom he had some, would have said that he was a trimmer, but whether this was so or not, it is not often a vice or a virtue which stands in the way of success.

Such qualities eminently fitted my father for that world of politics and the bar to which, in the days when he was young, lack of means was no disqualification. Many young men had started life with worse prospects and fewer abilities than he and had achieved the most eminent positions in the state and at the bar. Some of them I met when I grew up; it never occurred to me that they were superior to my father in either intellectual or practical ability.

But while he was still a boy at the City of London School, something happened to my father which changed the whole course of his life, and therefore, I suppose, my own; or rather, perhaps, it would be true to say that my own existence was merely a subsidiary effect of this intervention of providence. At the age of sixteen my father, like Paul on the road to Damascus, received a call from God, so direct, personal and compelling as to leave no doubt of its authenticity. It was a voice which banished from his mind all thought of worldly ambition and commanded him thenceforward to devote his life to the ministry of the church.

Such a call was of course at that time much less rare than it is now. In those days God often spoke to ambitious young men and changed their lives in a twinkling of an eye, and perhaps it was even less surprising that he should do so to my father than to other young men.

from: Goronwy Rees, *A Chapter of Accidents.*
Chatto & Windus, London 1972

Der Prüfungstext stammt aus dem 1. Kapitel des 1972 in London erschienenen Buchs von Goronwy Rees *A Chapter of Accidents*. Es handelt sich um einen Text mit literarischem Anspruch, und während wir uns bei dem Trivialtext *Golden Fox* für eine zielsprachlich orientierte Übersetzung entschieden haben, muß dieser Text so übersetzt werden, daß die sprachliche Gestaltung des Ausgangstextes erhalten bleibt, möglichst die gleiche ästhetische Wirkung erzielt wird, d.h. unsere Übersetzung muß ausgangssprachlich orientiert sein.

Bevor Sie anfangen zu übersetzen:

1. Informieren Sie sich bitte über das englische Rechtssystem.
   ➔➔ Kommentar, S. 81
2. Analysieren Sie den Text.
   a. Wie wird der Vater charakterisiert?
   b. Bilden Form und Inhalt eine Einheit?
   c. Welche typischen Stilmerkmale weist der Text auf?

Kommentierte Musterlösung

Mein Vater war ein höchst *intelligenter und fähiger* Mann von einer *Willenskraft*, die es ihm *ermöglichte*, sich bei fast allem, *was er unbedingt erreichen wollte, durchzusetzen*. Mit seinen natürlichen Begabungen *wäre* er in *jedem von ihm gewählten Beruf erfolgreich gewesen*. Ursprünglich *hätte* dies die *Jurisprudenz sein sollen*, und dafür wäre er sowohl *vom Verstand als auch vom Temperament her* vortrefflich geeignet gewesen; von Natur aus besaß er *einen ausgeprägten Sinn für Gerechtigkeit*, und er hätte *ein sicheres Gespür für die Vielschichtigkeit dieses Gebietes* gehabt, ohne daß er sich zu Abstraktionen hätte *verleiten* lassen, denn *leiten* ließ er sich *in seinem Urteil* im wesentlichen von praktischen Erwägungen und vom gesunden Menschenverstand. Er besaß auch die *Gabe der Redekunst und der Überzeugungskraft*, was ihm vor *jedem Gericht zum Vorteil gereicht hätte.*
Wäre er seiner ursprünglichen Wahl gefolgt, *dann hätte* er sich, davon bin ich überzeugt, sogar in diesem von so harter Konkurrenz geprägten *Berufsstand große Verdienste erworben*, und *dies vielleicht nicht zuletzt* deshalb, weil sich zu seinen anderen Begabungen auch noch die grundlegenden *Künste* eines Politikers gesellten. Er *erkannte*, von welchen Motiven sich der Mensch als einzelner oder in Gruppen leiten läßt, und er wußte, wie man sie manipuliert; beim Verfolgen seiner eigenen Ziele war er geduldig, ausdauernd und flexibel und immer *zu dem Kompromiß bereit, der eine Mehrheit herbeiführen würde*. Seine Feinde, und von denen hatte er durchaus einige, *hätten gesagt, daß er* ein Opportunist *sei*; ob dies nun zutrifft oder nicht, *dieses* Laster, bzw. *diese* Tugend ist bisher *nur selten* dem Erfolg im Wege gestanden. Wegen dieser *Eigenschaften* war mein Vater für die *Welt der Politik oder der Ju-*

stiz bestens geeignet; und Mittellosigkeit war in seiner Jugend kein Grund, von vornherein davon *ausgeschlossen* zu sein. Viele junge Männer hatten ihren Lebensweg *mit schlechteren Aussichten und geringeren Fähigkeiten* begonnen und hatten dennoch die angesehensten Positionen *im Staat und bei Gericht* erreicht. *Als Erwachsener* traf ich einige von ihnen, und ich kam nie auf den Gedanken, *daß sie* meinem Vater auf geistigem oder praktischem Gebiet *überlegen sein könnten.*

Aber während mein Vater noch als Junge *in London auf die Schule ging, widerfuhr ihm etwas,* was den ganzen Verlauf seines Lebens änderte und deshalb wohl auch meines eigenen, *oder vielleicht wäre es zutreffender* zu sagen, daß meine eigene Existenz ein reiner Nebeneffekt *dieses Eingreifens der göttlichen Vorsehung* war. Wie *Paulus* auf der Straße nach Damaskus *erhielt* mein Vater im Alter von 16 Jahren *einen Ruf* von Gott, und zwar *so* direkt, persönlich und zwingend, *daß* kein Zweifel an seiner *Echtheit* blieb. Diese Stimme verbannte jeglichen Gedanken an *weltliches Streben aus seinem Kopf* und befahl ihm, *daß er* von nun an sein Leben dem Dienste der Kirche *widme* (oder: widmen solle).

Eine solche *Berufung* war zu jener Zeit natürlich *viel häufiger* als dies heute der Fall ist. Damals sprach Gott des öfteren zu ehrgeizigen jungen Männern und änderte deren Leben *im Handumdrehen*, und daß Gott *gerade* meinen Vater *auserkor*, war vielleicht *noch weniger überraschend als bei anderen jungen Männern.*

I. Beantwortung der Leitfragen

zu 1.

Das englische Rechtssystem

Dieser Text zeigt, daß auch bei der Übersetzung eines literarischen Textes Ihre auslandskundlichen Kenntnisse von großer Wichtigkeit sind.

Seit den 80er Jahren gibt es im englischen Rechtswesen Reformen. Zu der in diesem Text geschilderten Zeit jedoch und zum größten Teil auch noch heute spielen folgende Fakten, die das Verständnis unseres Textes erleichtern, eine Rolle: Der juristische Berufsstand ist in England sehr klein und übersichtlich. Richter und Anwälte, *barristers*, sind hoch angesehen (die *solicitors* dürfen den *barristers* nur zuarbeiten und nur in den *inferior courts*, den „unteren Gerichten“ auftreten). Die *barristers* werden in den *Inns of Court* ausgebildet, den alten Juristenzünften mit strenger innerer Disziplin. *Barristers are called to the "bar"*, wenn sie ihre Zulassung als Anwalt erhalten. *The bar* kann aber auch für den juristischen Berufsstand stehen (Z. 18, Z. 21).

In diesem Berufsstand herrscht durch die enge Auswahl eine starke Konkurrenz – nur etwa ein Zehntel aller *barristers* sind *Queen's Counsels*, Kronanwälte, und nur aus dieser Elite innerhalb einer Elite kommen die Berufsrichter.

Die englische Rechtsprechung ist geprägt von einem starken Pragmatismus, die Richter befassen sich lediglich mit den einzelnen Fällen, die sie „fair und gerecht“ zu beurteilen versuchen. Während intellektuelle Erwägungen oder gar rechtsphilosophische Gedanken im allgemeinen keine große Rolle spielen, muß der Jurist die Kunst der Rede, das geschliffene Wort beherrschen.

„Der gesunde Menschenverstand“ wird auch durch die *jury*, die 12 Geschworenen, repräsentiert, die allein über schuldig oder nicht schuldig entscheiden.

In unserem Text Z. 9 bezieht sich die *jury* auf die Strafgerichtsbarkeit und *court of law* auf die Zivilgerichtsbarkeit. Es ist jedoch unnötig, diesen Unterschied hier deutlich zu machen – „vor jedem Gericht" schließt beide Aspekte mit ein.

Die Kirche

ist ein zweiter Bereich, der im vorletzten Absatz dieses Textes eine große Rolle spielt, bzw. die **Sprache der Bibel**. Auch hier ist es von Vorteil, wenn Sie über die entsprechenden deutschen Formulierungen verfügen:

- Gott spricht zu den Menschen, beruft einen Menschen, offenbart sich, hat einen Menschen auserwählt, auserkoren.
- Der Mensch wird berufen, hat einen Ruf erhalten, hat sein Leben Gott geweiht.
- Die Vorsehung greift in das Leben des Menschen ein; aber nicht: es war eine Fügung des Schicksals – das ist kein christliches Bild!

zu 2.

a. Der Vater wird als ein charaktervoller Mensch dargestellt. Es werden keinerlei Äußerlichkeiten beschrieben, sondern nur das Wesen, die geistig-seelischen Eigenschaften. Die Eindeutigkeit und Geradlinigkeit seines Wollens und seine genaue Menschenkenntnis sind wichtige Wesensmerkmale für beide zur Wahl stehenden Berufe, den des Richters und den des Geistlichen.

Wortfeld im AT:
endowments, *gifts*, *qualities*, *abilities* – *arts*

Im ZT:
Begabungen, Gaben, Eigenschaften, Fähigkeiten – Künste, Geschick (Kniffe, Tricks zu negativ)

b. Der Charakterisierung des Vaters durch den Autor, die von traditionellen Wertmaßstäben bestimmt ist, entspricht die von ebenso traditionellen Maßstäben geprägte gewählte Ausdrucksweise auf gehobener Stilebene. Diese Einheit von Inhalt und Form muß in der Übersetzung erhalten bleiben.

c. Damit haben wir schon das prägende Stilmerkmal des Textes genannt: **gewählte Ausdrucksweise auf gehobener Stilebene**. Verwenden Sie deshalb bei Ihrer Übersetzung keinen modernen Jargon, keine Zeitungssprache, keine formelhafte Sprache und keine Umgangssprache!

Zum Beispiel:
Z. 1 *enabled* – nicht: machte es ihm möglich, sondern: ermöglichte es ihm.

Z. 3 *would have achieved success* – nicht: hätte er viel erreicht, sondern: hätte er Erfolg gehabt, wäre er erfolgreich gewesen.

Z. 3 *in any way of life he might have chosen* – nicht: egal welchen Beruf, sondern: in jedem von ihm gewählten Beruf / welchen Beruf er auch immer ....

Z. 4/5 *and for this he would have been admirably adapted*, *intellectually and temperamentally* – nicht: was ... betraf, im Hinblick auf ..., verstandesmäßig und verhaltensmäßig ...
Sondern: sowohl vom Verstand als auch vom Temperament her.

Z. 8/9 *which would have served him well* – nicht: hätten ihm geholfen, sondern: wären ihm von Vorteil gewesen, wären ihm zustatten, zugute gekommen.

Z. 10/11 *would have achieved great distinction* – nicht: hätte es zu etwas gebracht; sondern: hätte sich große Verdienste erworben, hätte es zu großer Auszeichnung, zu Ruhm, zu Ehre gebracht, einen hohen Rang eingenommen.

Z. 15 *the compromise which would carry a majority with it* – nicht: mehrheitsfähiger Kompromiß; sondern: zu dem Kompromiß bereit, der eine Mehrheit herbeiführen würde.

Z. 24/25 *something happened to my father* – nicht: meinem Vater passierte etwas; sondern: meinem Vater widerfuhr etwas, etwas geschah.

Z. 34 *that he should do so to my father* – nicht: daß er dies mit meinem Vater machte, sondern: daß er meinen Vater auserkor.
➔➔ auch Teil II „Stilebene", S. 129

Auch bei der Übersetzung von *law* und *the bar* gibt die Stilebene den Ausschlag. Rechtswissenschaft, Jurisprudenz, Rechtslehre, die Rechte oder Jura?
Die Justiz, das Gesetz, das Gericht, die Rechtssprechung, das Rechtswesen oder die Rechtspflege?
Das Wort „Jurisprudenz" paßt in diesem Text besonders gut, es hat ebenfalls eine bildungssprachliche Konnotation.
Bei der Übersetzung von *bar* müssen wir auch auf die **Doppelungen** achten, die Ausdrücke müssen sich entsprechen, gleichwertig sein:

Z. 18 *that world of politics and the bar* – die Welt der Politik und der Justiz, der Rechte, des Gesetzes.

Z. 21 *the most eminent positions in the state and at the bar* – die angesehensten Positionen im Staat und bei Gericht (in diesem Text *state* = Staat, vergleichen Sie mit Text 8 „Upheaval" *state* = Bundesstaat).

doppelnde Reihungen

sind überhaupt ein durchgehendes Stilmittel des Textes:

- zwei Adjektive *intelligent and able* Z. 1, *just and fair-minded* Z. 5 – Wir haben uns hier trotzdem für die Übersetzung „ausgeprägter Sinn für Gerechtigkeit" entschieden, da dies eine gelungene Formulierung ist, genauso könnte man aber auch mit „gerecht und unvoreingenommen" oder „fair und gerecht" übersetzen.
- zwei Adverbien *intellectually and temperamentally* Z. 5.
- zwei Substantive *eloquence and persuasiveness* Z. 8; *jury or court of law* Z. 9 – auch hier haben wir uns nur für einen Ausdruck entschieden „vor jedem Gericht", möglich wäre aber auch: vor jeder Schöffenbank/vor allen Geschworenen und vor jedem Richter; *worse prospects and fewer abilities* Z. 20.

parataktischer Satzbau

Gleichwertige Sätze, die, wenn überhaupt, meist nur einen untergeordneten Nebensatz aufweisen, werden mit Wendungen wie *all the more so*, *or rather* (Z. 11, Z. 25/26) aneinandergereiht. Auch dieses Stilmerkmal sollten wir in der Übersetzung beibehalten.

Da aber in diesem Text natürlich auch Mittel der Satzverdichtung angewendet sind, sollten Sie die im Deutschen stilistisch möglichen Satzverkürzungen vornehmen:
Z. 3 *in any walk of life he might have chosen* – in jedem von ihm gewählten Beruf

Z. 21/22 *when I grew up* – als Erwachsener

und auch passende **Komposita** verwenden:

Z. 8 *gift of eloquence and persuasiveness* – Gabe der Redekunst und Überzeugungskraft

Z. 11 *profession* – Berufsstand

Z. 1 *force of character* – Willenskraft;
aber nicht: Charakterstärke!
Wenn man seinen Willen durchsetzt, beweist man Willenskraft, Durchsetzungsvermögen oder eine starke Persönlichkeit; Charakterstärke beweist man, wenn man seinen Prinzipien treu bleibt.

zusätzliches Stilmittel

Musterlösung Z. 7/8 Wortspiel „verleiten – leiten"

II. Allgemeine übersetzungstechnische Probleme

zwei Konjunktionen treffen aneinander

Z. 10 *that, if* – siehe Musterlösung

➔ AB 14 „Satzbauhürden", S. 85

➔➔ Teil II „englischer Satzbau", S. 107

Unika

Z. 18 *the bar* – siehe textexterne Faktoren. *Bar* wird häufig auch groß geschrieben.

Z. 24 *City of London School* – Da es sich um keine allgemein bekannte, berühmte Institution handelt, übersetzen Sie hier am besten mit: in London auf der Schule. Möglich wäre auch: ... als er noch auf der *City of London School* war – doch was hat die Leserin von dieser genauen Information? Sie stört nur den glatten Lesefluß, es handelt sich also um eine überdifferenzierte Übersetzung. (Hönig/Kußmaul: 53)

Z. 27 *Paul* – im Englischen *Peter and Paul*, im Deutschen Petrus und Paulus, nur der Feiertag heißt „Peter und Paul“.
➜➜ Teil II „Unika“, S. 122–123

idiomatische Ausdrücke

Z. 2 *to have one's own way* – seinen Willen durchsetzen; in der Musterübersetzung mit *force of character* zu „Willenskraft, die ..., durchzusetzen“ zusammengezogen.

Z. 2 *to set one's mind on s.th.*
➜➜ Teil II, B, „Denotation – Konnotation“, 1. Beispiel, S. 137

Z. 33 *in a twinkling of an eye* – idiomatische Ausdrücke erkennen und falls nötig nachschlagen und dann noch die richtige Stilebene einhalten!
Also nicht: in Sekundenschnelle, sondern: im Handumdrehen.

Das verflixte „it“

Z. 6 *its complexities* – *its* bezieht sich auf *for this* (Z. 4) und somit auf *law*.

Z. 16/17 *it is not often a vice ...* – *it* bezieht sich auf *being a trimmer.*
➜➜ AB 7 „Das verflixte *it*“, S. 34–35

Plural wird Singular

Z. 7/8 *in his judgements* – in seinem Urteil

Z. 33 *changed their lives* – änderte ihr Leben
➜➜ Text 6 „Present Yourself“, S. 46

any

Hier in der Bedeutung von „jeder, alle“:
Z. 3 *any walk of life* – in jedem Beruf

Z. 9 *any jury or court of law* – vor jeder Schöffenbank oder vor jedem Richter.

Einzelne Begriffe

Z. 3 *walk of life* – hier in der Bedeutung „Beruf“, sonst auch Lebensbereich.

Z. 2/Z. 29 *mind*
➜➜ Text 9 „Victorian People and Ideas“, S. 74

Z. 12 *He understood* – hier im Sinne von „erkennen“.

Fremdwörter

In diesen Text passen stilistisch gesehen keine modernen Fremdwörter:
Z. 5 *intellectually and temperamentally* – nicht Intellekt

Z. 6 *complexities* – nicht Komplexität

Z. 29 *authenticity* – nicht Authentizität, authentisch

Z. 30 *worldly ambition* – nicht weltliche Ambitionen

Z. 19 *disqualification* – disqualifiziert wird man beim Sport!

Vorsicht *false friend*!
Z. 9 *jury* – eine Jury ist ein Preisgericht

Z. 18 *qualities* sind keine Qualitäten, sondern Eigenschaften.
➜➜ Text 9 „Victorian People and Ideas“, S. 74
➜➜ Teil II „Fremdwort“, S. 119–121

Modalverben

Z. 3/Z. 4 etc. *would* – drückt hier immer Konjunktiv aus.
➜➜ Text 7 „Television and Theater“, S. 54

Z. 4 *was to have been* – von *to be to* = sollen

Z. 34 *should* im Nebensatz hat nach unpersönlichen Ausdrücken wie *it is funny that ...* konjunktivische Funktion, bleibt unübersetzt.

Indirekte Rede

Z. 16 *... would have said that he was a trimmer*

Z. 22 *it never occurred to me that they were superior*

Z. 30 *commanded him thenceforward to devote ...*

Im Englischen Zeitenfolge, im Deutschen Konjunktiv! Falls nötig, in einer Grammatik nachschlagen!
➔➔ Bibliographie

doppelte Verneinung

Z. 16/17 *not often* – nicht oft = selten

Und wie ist der vorletzte Satz zu verstehen?

Z. 32 *much less rare* – viel weniger selten = öfters

Z. 34 *even less surprising* – sogar noch weniger überraschend = eigentlich überhaupt nicht überraschend.
Damals war es sowieso nicht überraschend, wenn Gott zu jungen Männern sprach, und bei dem Vater war es das erst recht nicht – es war noch weniger überraschend als bei den anderen jungen Männern!

Stolpersteine

Z. 11 *all the more so, perhaps,...* – und dies vielleicht nicht zuletzt deshalb, weil...

Z. 25/26 *or rather, perhaps* – oder vielleicht eher
➔➔ AB 11 „Stolpersteine", S. 69–70

Z. 28/29 *as to* – so daß

Hatten Sie Schwierigkeiten mit dem Einhalten der Stilebene? **Dann bringen Sie Ihr Deutsch in Hochform!** Bearbeiten Sie jetzt gleich die Übungen in Teil II zur Stilebene, S. 130–131.

Arbeitsblatt 14

Satzbauhürden

Wir haben hier für Sie **vier verschiedene Hürden** aufgebaut:
a. Partizip – und Gerundkonstruktionen
b. asyndetische Reihung und Einfügung
c. Präpositionen
d. Konjunktionen

Spurten Sie auf keinen Fall gleich drauflos!
Lesen Sie sich in Teil II „Der englische Satzbau" die Erklärungen und Beispiele durch!
Achten Sie bei Ihren Übersetzungen auf die deutschen Mittel der Satzverkürzung!

zu a.

1. *Plagued* for centuries by shifting and ambiguous borders, Germans have had to rely more than other Europeans on ethnicity and cultural identity as markers of nationhood.

2. *Having* lost 825,000 people and forfeited a lot of income tax, the city tried to avoid bankruptcy by cutting down on a large proportion of social services.

3. The term "fin de siecle" was applied to anything *thought to be* corrupt and degenerate.

4. *With* barriers of all kinds *being removed* throughout Europe, the real estate market is already seeing a dramatic increase in international activity.

5. The third act in Eastern Europe is going to be *about* this very hard business *of establishing* a truthful record of what went on and *about people's accepting* responsibility for their own role in it so that they can assume responsibility for a different future.

6. But many politicians in China are unnerved *by* the prospect of *the private market killing* the state sector, *which* would result in large-scale unemployment.

zu b.

1. If, *either male or female*, you are not reasonably comfortable with the status quo in your company, it is time to leave.

2. *Superb sailors, craftsmen, and architects*, the Moors left an indelible mark on Portugal.

3. *But even more important*, it was the farthest that scientists had ever been able to peer into the past.

zu c.

1. The Governor exhibited *a genuine love for and total engagement in* the political process.

2. Without *intention of or pretension to literary scholarship*, I have had a special need to learn all I could of this over the years.

3. Kohl played host to Austrian President Kurt Waldheim; that made Kohl *the first* Western leader *to meet* Waldheim outside Austria, *breaking* the isolation imposed on the Austrian President for his suspected *knowledge of and involvement in Nazi crime*.

zu d.

1. Dr. Prince concludes *that while* it is normal for adolescents to be abnormal, the art of being a teenager's parent lies in making yourself reasonably unobtrusive.

2. We are telling people in the former USSR *that if* they will just become more democratic, then we will be morally bound to give them our attention.

3. The notable exception was Britain's Sir Charles Powell, *who, while* favoring steadily increased cooperation, saw dangers to the European enterprise in what he considered a reckless rush to political union at a time when Europe should be dealing with more pressing issues.

Informationsteil

Informationsteil
Textsorte: Abstract

Beim Abstract handelt es sich zumeist um eine Kurzinformation über einen wissenschaftlichen Artikel, eine Studie oder auch ein Buch. Zeitschriften wie z.B. die *Bibliographie Moderner Fremdsprachenunterricht* bestehen nur aus Abstracts über neu erschienene Artikel oder Bücher zu einem bestimmten Thema, bei unserem Beispiel zum Thema „moderner Fremdsprachenunterricht“.

Das Abstract kann auch dem eigentlichen Artikel vorangestellt werden oder als Art Zusammenfassung folgen. Die Übersetzerin wird in der Mehrzahl der Fälle das vom Verfasser selbst erstellte Abstract übersetzen. Es ist jedoch auch möglich, daß das Abstract von der Übersetzerin erst angefertigt werden muß, d.h., daß zu einem englischen Artikel ein deutsches Abstract verfaßt werden muß.

Zum Aufgabenbereich der Übersetzerin gehören also
- das Übersetzen fertiger Abstracts,
- das Verfassen eines Abstracts in der gleichen Sprache, in der der Artikel verfaßt ist,
- das Verfassen eines deutschen Abstracts zu einem englischen Artikel.

In den letzten beiden Fällen ist die Teamarbeit mit einer Fachfrau meist unerläßlich. Die Länge des Abstracts wird vorgegeben und variiert erheblich. Meist umfaßt es jedoch 15 Zeilen.

! Überwiegende Funktion des Abstracts ist Information. Diese Information soll möglichst komprimiert vermittelt werden.

Wie verfassen Sie nun ein Abstract?

A. Reduzieren Sie den Artikel auf die Kernaussage

Vorgehensweise

1. Schritt:
- Lesen Sie den Artikel und unterstreichen Sie dabei Schlüsselbegriffe.

2. Schritt:
- Beantworten Sie die Frage: Worum geht es?
- Formulieren Sie das Thema.

B. Strukturieren Sie den Artikel nach logischen Gesichtspunkten, nicht chronologisch!

Vorgehensweise

- Werden verschiedene Ursachen genannt?
- Werden verschiedene Folgen genannt?
- Werden konkrete Beispiele gegeben?
- Werden Ergebnisse genannt?
- Werden Vorschläge für die Zukunft gemacht?
- Werden Analogien gezogen?
- Gibt es Aufzählungen?
- Werden Aussagen in ähnlicher Form wiederholt? (Vermeiden Sie auf jeden Fall Wiederholungen!)

C. Halten Sie sich beim Verfassen des Abstracts an folgenden Aufbau

1. Themendarstellung: kann ein sachlich oder auch thesenartig formulierter Aussagesatz sein, könnte aber auch eine Interesse weckende zentrale Frage sein, z.B. Warum gibt es ....?

2. Inhalt (These – Erläuterung – Begründung).
3. Ergebnis (abrundender Schlußsatz), Zukunftsprognose oder auch Veränderungsvorschläge.

Der Zeilenumfang ist vorgegeben, Beispiele sind diesem Rahmen entsprechend möglich. Absätze sind meist nicht erwünscht.

Nur die in dem Artikel enthaltenen Fakten dürfen verwendet werden. Erfinden Sie nichts dazu!

D. Achten Sie beim Formulieren auf folgende Kriterien

1. Abstrahieren Sie von der Vorlage! Verwenden Sie eigene Formulierungen. Übernehmen Sie nur die Begriffe, die eindeutig und konzentriert Information übermitteln.

2. Drücken Sie sich sachlich aus, vermeiden Sie wertende Ausdrücke!

3. Verwenden Sie alle sprachlichen Mittel, die den Text strukturieren,
z.B. **Konjunktionen**: aus diesem Grund, genauso, einerseits–andererseits;
oder **Satzzeichen**: Doppelpunkt, Gedankenstrich.

4. Ein Abstract wird im Präsens Indikativ abgefaßt, also kein Konjunktiv wie bei der Inhaltsangabe.

5. Verwenden Sie Nominalstil!
➔➔ Teil II „Nominalstil", S. 109–112
Vermeiden Sie hypotaktische Strukturen durch Verbalstil, also nicht: der Verfasser beginnt den Artikel, indem er die Frage stellt ..., sondern: Wesentliche Fragestellung ...

Abstract

- Reduzierung auf die Kernaussagen
- Logische Strukturierung
- Aufbau: Themendarstellung – Inhalt – Ergebnis
- Stilkriterien: Nominalstil, informative, sachliche Sprache, strukturierende Konjunktionen, thesenartige Formulierungen, Präsens

Das Verfassen eines Abstracts und das Anfertigen von Übersetzungen haben viel gemeinsam:
- der Text muß als Ganzes erfaßt werden,
- er muß in einer anderen Form wiedergegeben werden.

Durch das Verfassen von Abstracts lernen Sie, sich auf die Kernbedeutung eines Textes zu konzentrieren und ihn nicht linear Wort für Wort zu rekonstruieren.

Sie erkennen, daß die einzelnen Teile eines Textes auf die unterschiedlichste Weise miteinander verknüpft sein können und daß nicht immer ein Gedanke an den anderen gereiht wird. Bei der Entscheidung zwischen mehreren Übersetzungsmöglichkeiten spielen diese Erwägungen oft eine ausschlaggebende Rolle, deshalb – auch wenn es mühsam ist – **üben Sie das Verfassen von Abstracts**!

Informationsteil
Textsorte: Nachricht – Bericht

Nachricht und Kurzmeldung

gehören zu den informativen Textsorten innerhalb einer Zeitung. Die meisten Nachrichten einer Zeitung stammen von **Nachrichtenagenturen**, die Nachrichten aus allen Lebensbereichen zentral sammeln und in Form regelmäßiger Dienste an Kunden, insbesondere an einzelne Zeitungen weitergeben. Nur die *New York Times* unterhält einen eigenen weltweiten Nachrichtendienst.

Die wichtigsten Agenturen:

dpa – Deutsche Presse-Agentur Hamburg
Reuter – London
AP – Associated Press New York
UPI – United Press International New York
UFP – Agence France Presse Paris

Viele Auslandsnachrichten werden also, oft auch unter Zeitdruck, aus dem Englischen übersetzt, und das merkt man manchmal, z.B.: „Während mehr als zehn Jahren haben die Bewohner des Ostens von Mitteleuropa mit Bewunderung und Sehnsucht nach dem spanischen Modell eines friedlichen Übergangs von der Diktatur zur Demokratie geblickt."
(SZ, 7. 7. 89)

Typische Merkmale einer Nachricht

Aufbau

Schlagzeile
Untertitel
Lead (Nachrichtenkopf) Beantwortung der 4 W-Fragen
- Wer? die beteiligten Personen
- Was? der Vorgang selbst
- Wann? der Zeitpunkt
- Wo? der Ort

Body (Nachrichtenkörper) Beantwortung der 2 W-Fragen
- Wie? nähere Umstände
- Warum? Hintergrund und Zusammenhang

Wichtige Fakten stehen am Anfang, im weiteren Verlauf die Details. So kann der Artikel von hinten gekürzt werden.

Sprache

- sachlich, informativ, keine wertenden Ausdrücke – d.h. keine Meinungsäußerung und keine persönlichen Eindrücke des Reporters
- indirekte Rede
- Informationsdichte durch Nominalstil (→→ Teil II „Nominalstil", S. 109–110)

Nicht jede Nachricht weist diese typischen Merkmale auf. So kann z.B. der Untertitel fehlen, oder der Lead ist nicht fettgedruckt und extra abgesetzt, sondern nur der erste Absatz des Artikels selbst.

Die angelsächsische Presse schuf zwar den Grundsatz „Facts are sacred, but comment is free“, aber auch dort weicht die Nachricht häufig davon ab, die Sprache ist nicht immer durchgängig sachlich, sondern wertend, und die persönliche Meinung des Reporters wird deutlich.

Schon die Auswahl der Informationen birgt die Gefahr der Manipulation in sich. Meinung kann auch durch die ausgewählten Zitate vermittelt werden.

Nachricht und Kommentar werden also nicht immer streng getrennt. Das gilt sowohl für Boulevardzeitungen, als auch für seriöse Korrespondentenzeitungen, deren Berichte oft kommentierend sind.[1]

(➔➔ Text 3 „New York City“, S. 20–21
Der erste Teil dieser Nachricht gibt sachlich Fakten wieder, der zweite Teil kommentiert diese Fakten.)

Die Übersetzerin darf nun natürlich nicht von sich aus eine „Säuberungsaktion“ vornehmen, indem sie z.B. direkte Zitate in indirekte Rede umwandelt. Sie sollte aber erkennen, welche Teile sachlich formuliert sind und welche Teile wertend, und dies dann auch entsprechend übersetzen. (➔➔ auch Teil II „Denotation – Konnotation“, S. 136–137)

Bericht

Die Nachricht in der Zeitung ist ein Unterpunkt der übergeordneten Textsorte „Bericht“. Berichte werden zu den unterschiedlichsten Anlässen abgefaßt und haben die verschiedensten Themen zum Inhalt. So gibt es zum Beispiel den Polizeibericht, den Unfallbericht, den Arbeitsbericht und natürlich auch den wissenschaftlichen Bericht.

Grundsätzlich läßt sich feststellen:

Sprache

Der Bericht folgt denselben Stilkriterien wie die Nachricht. Ein Bericht wird im Deutschen sachlich und unpersönlich abgefaßt – im Gegensatz zum Englischen, dort ist in manchen Bereichen, z.B. bei wissenschaftlichen Berichten, eine persönliche Ausdrucksweise, die auch den Gebrauch des Personalpronomens „we“ miteinschließt, durchaus üblich.

Aufbau

Der Bericht sollte einem klaren Ordnungsprinzip folgen (chronologisch oder inhaltlich-thematisch) und inhaltliche Einheiten auch optisch durch Abschnitte deutlich machen. Umfangreichere Berichte folgen häufig dem Schema einer Nachricht. Am Anfang steht eine kurze Zusammenfassung des Wichtigsten, dann folgen detaillierte Ausführungen.

[1] nach dtv Wörterbuch zur Publizistik: 159.

Informationsteil

Textsorte: Trivialliteratur

Unter Trivialliteratur verstehen wir alle fiktionalen Texte, die sich ausschließlich an den Bedürfnissen einer breiten Leserschicht ausrichten, d.h. deren erklärtes Ziel es ist, durch die Schaffung einer leicht zugänglichen Identifikationswelt für Unterhaltung zu sorgen.
Das Englische kennt die Unterscheidung in hohe und triviale Literatur nicht – nur in *fiction* und *non-fiction* – auch wir wollen den Begriff Trivialliteratur nicht als Wertung, sondern als Kategorisierung verstanden wissen.
Wir unterscheiden also nicht weiter nach Unterhaltungsliteratur, Kolportage oder ähnlichen Textsorten, sondern nach trivialen und nicht-trivialen Texten.

Zur Trivialliteratur gehören demnach:

die meisten Bestseller wie z.B. die Romane von Simmel, viele Kriminalromane und Fortsetzungsromane, Heft- oder Groschenromane.

Triviale Texte gibt es aber auch in anderen Medien: im Film, im Fernsehen, als Schlager etc.

Wer Trivialliteratur übersetzt, und das sind der Verbreitung nach und unserer Definition nach schätzungsweise 90% der fiktionalen Literatur, muß sich folgende Fragen stellen:

Für wen übersetze ich?

Zielgruppe ist der literarisch nicht anspruchsvolle Leser.

Welche Erwartungen haben die Leser?

Unterhaltung, Entspannung
Flucht aus dem Streß des Alltags
Identifikation mit dem Dargestellten
Befriedigung von Bedürfnissen, die ihnen das reale Leben versagt

Welche Konsequenzen ziehe ich daraus?

Berücksichtigung der typischen Merkmale der Trivialliteratur, vor allem der Stilkriterien:

Der Text muß sich glatt lesen lassen, z.B.
- durch vertraute, klischeehafte Formulierungen,
- vage, sehr allgemeine Begriffe, die bei möglichst vielen das Geföhl ansprechen,
- bekannte Bilder;

also:
- keine originellen, verblüffende Formulierungen,
- keine ungewohnten Bilder,
- keine sperrigen Sätze,
- keine Experimente,
- nichts Provozierendes.

! Die Erwartungen der Leser und Leserinnen müssen befriedigt werden! Mit Ihrer Übersetzung tragen Sie zum Erfolg oder Mißerfolg des Textes bei!

In allen trivialen Texten finden sich zumindest einige der folgenden Merkmale:

Typische Merkmale der Trivialliteratur

Handlung

- Häufung von **stimmungsträchtigen Reizmotiven**: Tod, Liebe, Geburt, Familie, Religion, Natur, Tierwelt etc.
- **Motive** werden nicht ausgeführt, sondern nur angerissen
- ständiger Aufbau von **Spannung**

Personen

- Schwarz-Weiß-Malerei der Charaktere
- klischeehafte Beschreibung der Personen
- innere Konflikte fehlen oder entpuppen sich als Scheinkonflikte

Sprache

- übermäßige Verwendung von vorwiegend **schmückenden Adjektiven und Adverbien**: *das seidig glänzende, wundervolle Haar*
- **schablonenhafte Attribute**: *das treue Tier, der sichere Tod*
- **gezierte Sprache** (Preziosität): *zu Bette sich legen*
- **Verniedlichung**: *das entzückende, kleine Händchen*
- **gewählte Audrucksweise**, die oft im Kontrast zum Stoff steht: *Bauernhof – wandeln, Mondglanz*
- **Kostbarkeit** der Personen und der Dinge: *Alphof*, *Constanze von Doring*, *Baron Wolf von Weißenfeld*
- übermäßige Verwendung von **rhetorischen Stilmitteln**, deren einzige Funktion darin besteht, den Text aufzuwerten, ein Kunstwerk vorzutäuschen: *schleppenden, schleichenden Ganges schritt sie ...*

Intention

- Sogwirkung auf den Leser, der mit Spannung den Roman „verschlingen" soll
- Verkauf und Wiederverkauf (Fortsetzungsromane!) eines Massenprodukts

Und hier sind noch drei wichtige Begriffe:

Stereotype (stereotype): Begriff, der kollektive (Vor-)Urteile beinhaltet.

Klischee (cliché): abgegriffenes, zu häufig gebrauchtes Wort, kollektive Vorstellung oder Meinung.

Kolportage (trash, pastiche, trivial novel): wertlose Massenliteratur, die mit Versatzstücken billige Spannung zurechtmacht.

Informationsteil

Textsorte: Vorwort

Im Vorwort eines Buches legt die Autorin dar, welches **Anliegen** sie mit dem Verfassen dieses Buches verfolgt. Oft wird sie einen **kurzen Überblick über den Aufbau und den Inhalt** des Buches geben.

Natürlich hängt die Art des Vorworts ganz und gar von der Art des Buches ab. Handelt es sich wie bei unserem Beispiel um das Vorwort zu einem anspruchsvollen, aufwendigen Bildband, dann wird das Vorwort ebenso anspruchsvoll formuliert sein, d.h. auf gehobener Stilebene.
Handelt es sich dagegen um einen alternativen Reiseführer, so könnte das Vorwort umgangssprachlich, salopp formuliert sein.

Ein Anliegen ist jedoch allen Vorworten gemeinsam: **Der Leser soll angesprochen werden**, er soll dazu angeregt werden, das Buch zu lesen, und vor allem – es zuerst einmal zu kaufen!
Das Vorwort ist deshalb überwiegend appellativ.

Achten Sie also beim Übersetzen auf folgende Punkte:
- der Appell muß in der Übersetzung gewahrt bleiben;
- die Stilebene muß eingehalten werden;
- die Informationen müssen deutlich übermittelt werden.

Lesen Sie sich auch den Punkt „Stilebene“, Teil II, S. 128–129, durch, und machen Sie dazu die Übung 3, S. 131.

Informationsteil
Textsorte: Populärwissenschaftlicher Text

Zu den **populärwissenschaftlichen Texten** gehören Sachbücher und Artikel, die ein geistes- oder naturwissenschaftliches Thema behandeln, sich aber nicht an ein Fachpublikum, sondern eine **breite interessierte Leserschaft** wenden.
Historische Darstellungen, naturwissenschaftliche Darstellungen, Biographien, Monographien aller Art und vor allem der große Bereich der „Ratgeberliteratur" gehören dazu.

Die **Intention** ist Information und Belehrung, wobei ein Element der Unterhaltung nicht ausgeschlossen ist.

Der **Verfasser**, in der Regel ein Fachmann, wird sich um Verständlichkeit bemühen, denn im Gegensatz zur kognitiven Textsorte des Fachbuches, wo es um die rein objektive Darstellung wissenschaftlicher Sachverhalte geht, muß der Autor eines populärwissenschaftlichen Textes das Interesse der Leserin, wenn nicht wecken, so doch wachhalten.

Charakteristisch für die **sprachliche Gestaltung** eines populärwissenschaftlichen Textes ist die Umsetzung eines an sich trockenen Sachverhalts in eine nicht nur verständliche, sondern auch anschauliche und lebendige Sprache.

Der Stil ist demnach vorrangig

sachlich, klar, eindeutig;
aber auch aufgelockert – durch anschauliche Wortwahl und appellative Elemente wie direkte Anrede des Lesers, Ich-Aussagen, rhetorische Fragen etc;
Fachvokabular erscheint meist nur soweit, als es Allgemeinbesitz ist oder dem interessierten Laien zugemutet werden kann.

Im Englischen wird dieser ganze Bereich der Sachliteratur mit dem Begriff *non-fiction* abgedeckt.

Im Buchhandel spielt die populärwissenschaftliche Literatur eine größere Rolle, als man so gemeinhin annimmt. Bei einem Streifzug durch das Angebot einer Buchhandlung können Sie feststellen, daß erstaunlich viele dieser populärwissenschaftlichen Bücher aus dem Englischen übersetzt sind.

Informationsteil
Textsorte: Kommentar

Zur Textsorte „Kommentar“ zählen wir alle Texte, in denen der Verfasser zu einem aktuellen Ereignis oder einem allgemeinen Problem Stellung bezieht.

Der Umfang eines Kommentars kann erheblich variieren. Der Autor wird das Problem aber immer von verschiedenen Seiten beleuchten, schließlich seine eigene Meinung aufgrund der dargestellten Argumente zum Ausdruck bringen und versuchen, den Leser von seiner Meinung zu überzeugen.

Im Englischen werden diese Texte als *argumentative* bezeichnet. Zu dieser Textsorte zählen Texte wie **Leitartikel, Rezensionen, Kolumnen, Briefe, Vorträge** und viele andere mehr.

Das wesentliche Unterscheidungsmerkmal zur Abhandlung, Erörterung oder dem sachlichen Bericht ist das Faktum, daß beim Kommentar die subjektive Sicht des Verfassers zum Ausdruck kommt, während bei einer Abhandlung (*expository text type*) nur der Gegenstand an sich objektiv und sachlich erörtert wird, und jede Art der Bewertung von seiten des Verfassers fehlt.

Je nach Adressat und Medium kann genauso wie der Umfang eines Kommentars auch die Sprache erheblich variieren von der umgangssprachlichen bis zur gehobenen Stilebene, von humorvoll bis getragen pathetisch.

Typische Merkmale eines Kommentars

Inhalt

- Stellungnahme zu einem aktuellen Ereignis oder einem allgemeinen Problem;
- stellt diese Probleme in einen größeren Zusammenhang, gibt Ursachen und Folgen an, ergänzt sie durch Beurteilung;
- versucht durch Aufweisen von Alternativen und Konsequenzen das Verhalten der Beteiligten zu problematisieren;
- trägt zur Wissensvertiefung und zur Meinungsbildung bei.

Sprache

- wertende Ausdrücke, die die persönliche Meinung des Verfassers widerspiegeln;
- überraschende, ungewöhnliche Formulierungen;
- rhetorische Redefiguren, bildhafte Ausdrucksweise;
- humorvolle oder ironische Ausdrücke;
- gehobener, anspruchsvoller Wortschatz;

oder auch:

- umgangssprachlich, salopp formuliert.

Kommentare sind bei schriftlichen Übersetzungsprüfungen sehr beliebt. Es werden zumeist Texte mit **auslandskundlichem Inhalt** und **geschliffener Sprachgestaltung auf hoher Stilebene** ausgewählt.
Die Übersetzerin muß also zeigen, daß sie nicht nur den **Inhalt des Textes** verstanden hat und diesen in der Zielsprache wiedergeben kann (schon das ist oft schwer genug!), sondern den Text in der Zielsprache auch **sprachlich adäquat gestalten** kann, dem Anspruch eines formbetonten Textes gerecht wird.

Informationsteil

Textsorte: Schilderung

Die Merkmale der Schilderung werden am deutlichsten im Vergleich zum Bericht.

Intention

Während der Bericht, z.B. die Zeitungsnachricht, einen Sachverhalt in möglichst objektiver Weise knapp und nüchtern darstellen will, kommt es der Schilderung darauf an

- einen **Eindruck** wiederzugeben,
- zu veranschaulichen,
- die **innere Beteiligung** des Lesers zu bewirken.

Darstellungsweise

Kennzeichen der Schilderung sind somit

- das **Verweilen**, gerade im Detail; im Nebensächlichen findet sich häufig das Wesentliche;
- und die **Einbeziehung aller Sinne** (nicht nur der Verstand wird angesprochen), die dem Leser das gefühlsmäßige Erfassen eines Sachverhalts ermöglicht.

Stilmerkmale

Es handelt sich bei der Schilderung um einen **formbetonten Text**, bei dem im Gegensatz zum Bericht die sprachliche Gestaltung im Vordergrund steht.

Die **Stilebene ist gehoben** und kann durchaus den Bereich des Ästhetisch-Kreativen erreichen. Umgangssprachliches ist hier kaum anzutreffen.

Wohlklang und eine bestimmte **Stimmung** werden erreicht durch Bilder und individuelle, ungewöhnliche Wortverbindungen, durch das ausdrucksstarke, klangschöne Wort statt des sachlichen Begriffs.

Der **Satzbau** ist meist **wohl ausgewogen,** zeichnet sich häufig aus durch eine bestimmte Rhythmisierung.
Es werden Nebensätze statt nominaler Raffungen bevorzugt. Gewöhnlich kennt die Schilderung keine verschlungenen Satzungetüme, wie sie häufig in argumentativen Texten das Verständnis erschweren.

Übersetzung

Eine raffende, versachlichende Übersetzung – etwa durch die überwiegende Verwendung des Nominalstils – würde der Intention des Textes nicht gerecht. Nicht nur den Inhalt gilt es zu erfassen, sondern vor allen Dingen **den „Eindruck“ in die andere Sprache zu übertragen**.

Informationsteil
Textsorte: Charakteristik

Literarische Texte leben geradezu davon, daß sie keine Konventionen erfüllen, bzw. gegen Konventionen verstoßen; dennoch lassen sich für die Charakteristik, genauso wie schon für die Schilderung, einige Merkmale festhalten.

Das Typische einer Charakteristik wird wie bei der Schilderung deutlich im Gegensatz zur Berichtform des Lebenslaufs und der Personenbeschreibung, die nüchtern, sachlich und objektiv einen Menschen beschreiben und sich dabei rein aufs Äußere konzentrieren.

Intention

Nicht nur das Äußere, sondern das Innere des Menschen, sein ganz besonderes, nur ihm eigenes Wesen werden dargestellt.

Perspektive

Nicht objektiv aus der Perspektive des neutralen Beobachters wird geschildert, wie etwa im Bericht eines Psychologen, sondern subjektiv aus der sehr persönlichen Sicht des Autors.

Darstellungsweise

Kein ausgewogenes, alle Aspekte berücksichtigendes Gesamtbild wird gegeben, sondern es handelt sich um eine Veranschaulichung durch die Beschreibung von scheinbaren Nebensächlichkeiten, Besonderheiten und Verhaltensweisen, von unerwarteten Gesichtspunkten und ungewohnten Zuordnungen der Beobachtungen.

Sprache

Sprache und Stil sind wie bei jedem literarischen Text individuell bestimmt, d.h. die ganze Bandbreite von umgangssprachlich bis gehoben, von modern bis altertümlich, von nüchtern bis poetisch ist möglich.

Im Idealfall entspricht dem Persönlichkeitsbild des Geschilderten der Stil der Charakteristik, so wird z.B. im Text 10 „My Father“ der von traditionellen Werten bestimmte Vater in einer ebensolchen Sprache geschildert.

! Wie bei jedem formbetonten Text dominiert die ästhetische Gestaltung, dies muß bei der Übersetzung berücksichtigt werden!

Informationsteil
Satzbau

Der deutsche Satzbau

und was Sie schon immer darüber wissen wollten/sollten

Meldungen aus einer Tageszeitung

Urlauberwelle rollt langsam an

Frankfurt – Ausgeblieben ist das gefürchtete Verkehrschaos am Wochenende, trotz Ferienbeginns in vier Bundesländern. Bei Hitze und Sonnenschein in weiten Teilen Deutschlands hatten die meisten offenbar Besseres zu tun, als im Auto zu schwitzen. Die Sommerferien hatten zum Wochenende in Hamburg, Schleswig-Holstein, Baden-Württemberg, Mecklenburg-Vorpommern, den Niederlanden, Belgien und Österreich begonnen. Chaotische Zustände meldete die Polizei nur von Schleswig-Holstein, wo sich am Samstag Tausende im zähen Autostrom quälten. Das Verkehrslagezentrum Düsseldorf teilte mit, es habe in Richtung Dänemark am Samstag auf 70 bis 90 Kilometern zähfließenden Verkehr gegeben.
Mit den größten sommerlichen Rückstaus sei erst mit Beginn der Ferien am nächsten Wochenende zu rechnen, hieß es aus dem Düsseldorfer Lagezentrum, wenn die Ferien im bevölkerungsreichsten Land Nordrhein-Westfalen beginnen.

Computer führt durch Nationalpark

Grafenau – Daß wir Deutschen zwar den Wald lieben, unser Wissen über den Wald aber nur minimal ist, – dies gab der Leiter des „Nationalparks Bayerischer Wald“ bei der Vorstellung des Informationszentrums bitter lächelnd zu bedenken. Mit dem neuen Informationssystem über die 13100 unter strengem Schutz stehenden Hektar Wald soll diesem Defizit entgegengewirkt werden. Durch eine beachtliche Fülle von lehrreichen Schaukästen im großen Gäste- und Informationsgebäude des Nationalparks wird bereits ein Eindruck davon, wie kompliziert und empfindlich das große Ökosystem Wald ist, vermittelt. Vollständig können derartige didaktische Hilfen jedoch nie sein – da muß schon ein Computer her. Einen solchen, ausgestattet mit einem 100 Millionen Zeichen umfassenden Programm, kann die Nationalverwaltung stolz vorführen: Ein Computerkonzern hat die Maschine samt der dazugehörigen eigens entwickelten Software spendiert. All das, was man sich als Naturinteressierter und Tourist andernorts mühevoll aus einer Fülle von Prospekten und Broschüren zusammensuchen muß, bietet das elektronische Informationssystem auf Knopfdruck.

Zeit sollte man sich schon nehmen, wenn man sich auf einer der bequemen Polsterbänke vor dem Computerbildschirm und der einfachen Tastatur niedergelassen hat. Insgesamt 72 Seiten können aufgerufen werden, je nach Interesse: Viel Wissenswertes über Entstehung und Sinn des Nationalparks, über die Kompliziertheit des Ökosystems Wald, aber auch über Freizeitmöglichkeiten, Hotels und Pensionen wird geboten.

Was es mit Urlauberwelle und Nationalpark auf sich hat

Sie zeigen uns exemplarisch Eigenheiten des deutschen Satzbaus:

1. Die Freiheit der Wortstellung

Beachten Sie, was jeweils an erster Stelle steht:

Ausgeblieben ist das gefürchtete Verkehrschaos am Wochenende, trotz Ferienbeginns in vier Bundesländern.... (Frontstellung: Prädikat).

Chaotische Zustände meldete die Polizei nur von Schleswig-Holstein..... (Frontstellung: Objekt).

Daß wir Deutschen zwar den Wald lieben, unser Wissen über den Wald aber nur minimal ist, gab der Leiter des Nationalparks Bayerischer Wald bitter lächelnd zu bedenken (NS vor HS).

Vollständig können derartige didaktische Hilfen jedoch nie sein...(Frontstellung: Teil des Prädikats).

Fast beliebig lassen sich **im Deutschen** Satzteile verschieben,
Nebensätze voranstellen, um
- Fokussierung,
- Emphase,
- Lebendigkeit zu erreichen,
- Monotonie zu vermeiden
- und Überraschung zu erzielen.

Das Englische
- hat diese Möglichkeiten nur begrenzt, ist vor allem an die feste Satzgliedfolge S-P-O gebunden;
- hat nichts gegen eine längere Folge gleichgebauter Sätze (wie es auch nichts gegen Wortwiederholungen hat);
- hat andere Mittel der Fokussierung und Emphase.

→→ AB 7 „it“ S. 34 und AB 12 „what“ S. 76

Lösen Sie sich beim Übersetzen vom englischen Satzbau!

Denken Sie bei Ihren Übersetzungen daran, einmal nach obigen Beispielen
- mit dem Prädikat,
- mit dem Objekt,
- mit dem Nebensatz anzufangen.

2. Die Endstellung des Verbs

„Mit den größten sommerlichen Rückstaus sei erst mit Beginn der Ferien am nächsten Wochenende zu rechnen, *wenn* die Ferien im bevölkerungsreichsten Land Nordrhein-Westfalen *beginnen*.“

„Zeit sollte man sich schon nehmen, *wenn* man sich auf einer der bequemen Polsterbänke vor dem Computerbildschirm und der einfachen Tastatur *niedergelassen hat*.“

Nebensätze verlangen die Endstellung des Verbs, bzw. des Teils des Prädikats, der konjugiert wird (der finiten Verbform) bei unterordnenden Konjunktionen.

3. Die Prädikatsklammer

„Die Sommerferien *hatten* zum Wochenende in Hamburg, Schleswig-Holstein, Baden-Württemberg, Mecklenburg-Vorpommern, den Niederlanden, Belgien und Österreich *begonnen*."

„... – dies *gab* der Leiter des „Nationalparks Bayerischer Wald" bei der Vorstellung des Informationszentrums bitter lächelnd *zu bedenken.*"

Besteht das Prädikat aus mehreren Teilen, wird das Prädikat im Hauptsatz gespalten.
Die Prädikatsklammer kann auch einen oder mehrere Nebensätze umschließen.

„Durch eine beachtliche Fülle von lehrreichen Schaukästen im großen Gäste- und Informationsgebäude des Nationalparks *wird* bereits ein Eindruck davon, wie kompliziert und empfindlich das große Ökosystem Wald ist, *vermittelt.*"

Ergebnis

Das Deutsche bildet weite Sinn- und Spannungsbögen (zum Entsetzen aller, die Deutsch als Fremdsprache lernen und aller Dolmetscher, die auf das Verb am Satzende warten müssen), **während das Englische die Sinneinheiten aneinanderreiht**.

Die deutsche Rahmenbildung kann bei der Übersetzung eines komplexen englischen Satzes dazu führen, daß der übersetzte Satz schwerfällig bis unverständlich wird, wenn Subjekt und Prädikat oder die einzelnen Prädikatsteile zu weit auseinandergerissen werden.

Als Faustregel ist dann zu beachten:

Faustregel

1. Das Verb so früh wie möglich setzen

- **vor den Nebensatz**
  (z.B.: Durch eine beachtliche Fülle von lehrreichen Schaukästen im großen Gäste- und Informationsgebäude des Nationalparks *wird* bereits ein Eindruck davon *vermittelt*, wie kompliziert und empfindlich das große Ökosystem Wald ist.)
- **zwischen verschiedene Satzglieder;** zwischen Objekt und Umstandsangabe/ zwischen verschiedene Umstandsangaben etc.
  (z.B.: Daß wir Deutschen zwar den Wald lieben, unser Wissen über den Wald aber nur minimal ist, – dies *gab* der Leiter des „Nationalparks Bayerischer Wald" bitter lächelnd *zu bedenken* bei der Vorstellung des Informationszentrums.
  oder: Zeit sollte man sich schon nehmen, *wenn man sich niedergelassen hat* auf einer der bequemen Polsterbänke vor dem Computerbildschirm und der einfachen Tastatur.)
- **hinter das erste Glied einer Aufzählung**
  (z.B. Die Sommerferien *hatten* zum Wochenende in Hamburg *begonnen*, in Schleswig-Holstein, Baden-Württemberg, Mecklenburg-Vorpommern, den Niederlanden, Belgien und Österreich.)

oder

2. Sinneinheiten nachtragen

mit: und zwar
nämlich
besonders
d.h.
mit der Begründung
in der Absicht etc.

(z.B.: Viel Wissenswertes *wird geboten*, und zwar über Entstehung und Sinn des Nationalparks, über die Kompliziertheit des Ökosystems Wald, aber auch über Freizeitmöglichkeiten, Hotels und Pensionen.)

Manchen mag das Vorziehen des Verbs als grammatikalisch falsch erscheinen. Diese Methode wird aber von einem der einflußreichsten deutschen Stilisten, Wolf Schneider, in seinem Buch *Deutsch für Kenner* ausdrücklich als Mittel empfohlen, um gegen die Undurchsichtigkeit deutscher Sätze anzukämpfen.
(Siehe ebd. bes. Kap. 16 „Das Ende der Umklammerung", S. 184–191, und „Das leidige Umklammerungsgesetz", S. 158f.)

Übungen

Der deutsche Satzbau

Übung 1

Wenden Sie obige **Faustregel** bei den folgenden Sätzen an:

1. Als John Major sich vor seinem Amtssitz nur wenige Stunden, nachdem sich die Wähler über Meinungsumfragen und Experten, die eine Niederlage Majors durch die oppositionelle Labour Party als wahrscheinlich vorausgesetzt hatten, *hinweggesetzt hatten*, zeigte, schlug der Premierminister nach einem der härtesten Kopf-an-Kopf-Rennen in jüngster Zeit einen bewußt versöhnlichen Ton an.
2. Eine bemerkenswerte Ausnahme stellte der Brite Sir Charles Powell dar, der zwar eine engere Zusammenarbeit befürwortete, aber Gefahren für das europäische Unternehmen in dem seiner Meinung nach überstürzten Drang nach politischer Einheit zu einer Zeit, da Europa sich mit dringenderen Problemen beschäftigen sollte, *sah*.
3. Damit war Kohl der erste führende westliche Politiker, der mit Waldheim außerhalb Österreichs zusammentraf und die diplomatische Isolation, die dem österreichischen Präsidenten wegen seiner angeblichen Mitwisserschaft und Beteiligung an Naziverbrechen auferzwungen worden war, *durchbrach*.

Übung 2

aus einem Artikel der SZ vom 9.5.92:

„Die Rolle der Medien ist umstritten"

(...)

1. Daß es auf ihrem Sektor an Einblicken für den Laien mangelt, davon ist die Münchner Juristische Gesellschaft überzeugt.
2. Wie ein besseres Verständnis zwischen Gerichten und Öffentlichkeit zu erreichen ist, wollte sie deshalb bei einer Podiumsdiskussion von namhaften Vertretern der Justizverwaltung wissen.
3. Um eine wirksame Kritik als Kontrollmöglichkeit über die Rechtsprechung zu gewährleisten, bedürfe es zusätzlicher Informationen.
4. Erstaunlich sei es vor allem, daß das Bild vom deutschen Gericht stark durch den amerikanischen Strafprozeß geprägt sei.
5. Hauptschuld an der Fehlinformation sprach der Pressereferent des bayerischen Justizministeriums den elektronischen Medien zu.
6. Denselben Standpunkt vertrat auch einer der Medienvertreter...

Es handelt sich hier um einen ganz „trockenen" Bericht über ein Treffen von Juristen und Journalisten zum Thema der Transparenz von Gerichtsverfahren.
Dieser „trockene" Bericht ist gespickt mit Abweichungen von der „natürlichen" Wortstellung.
Der Berichterstatter der SZ betreibt das Prinzip der freien Wortstellung bis zur Manie – vermutlich, um die Individualität seines Stils unter Beweis zu stellen.
Für Sie als Übersetzerin aber gilt:

Keine Manie, sondern der goldene Mittelweg für Sie!

Aufgaben

1. Was nimmt in den Sätzen jeweils Frontstellung ein?
2. Finden Sie „Prädikatsklammern"?
3. Wo läßt sich das Verb vorziehen?

Der englische Satzbau

und warum wir beim Übersetzen Schwierigkeiten damit haben

Triumphant, Major Vows End to Class in Society

London –
Braced by the Conservative Party's unexpected triumph, *Prime Minister John Major vowed to lead* Britain out of recession and towards the "classless society" *he first envisioned* when *he took over* the government.
Appearing outside No. 10 Downing Street, only hours after voters defied public opinion polls and pundits *suggesting* Mr. Major would likely fall to the opposition Labour Party, *the prime minister chose to strike* a deliberately conciliatory tone, following one of the most closely fought British election campaigns in recent memory.
Mr. Major promised he would expand opportunities for education, training and home ownership.
He explicitly denied that *he had* any *intention of ever privatizing* Britain's free National Health Service, as Labor had claimed during the campaign.

Was uns John Major über den englischen Satzbau enthüllt:

1. Die strenge Satzteilfolge S-P-O

..., Prime Minister John Major vowed ...
he first envisioned ... he took over ...
..., the prime minister chose to strike ...
Mr. Major promised ...
He explicitly denied ... he had ...

Sie ergibt sich aus der Notwendigkeit, die Funktion eines Wortes oder Satzteils durch die Stellung im Satz festzulegen, da im Unterschied zum Deutschen Kasusendungen fehlen, die eine Zuordnung jederzeit ermöglichen, z.B. ob es sich bei einem Substantiv um ein Subjekt oder Objekt handelt.

Fazit für den Übersetzer:

Die englische Satzteilfolge ist nicht ausschlaggebend für die deutsche Übersetzung.
Variieren Sie im Deutschen, sonst wird Ihre Übersetzung eintönig!

2. Die Satzverdichtung

hier durch

a. Partizipialkonstruktionen

"Braced by Conservative Party's unexpected triumph, Prime Minister ....."
"Appearing outside No. 10 Downing Street, only hours ... opinion polls and pundits suggesting Mr. Major would likely fall ..."

Braced.../Appearing... – Partizipialkonstruktionen ohne Konjunktion als adverbiale Bestimmungen, die hier Begleiterscheinungen beinhalten.
... suggesting – Partizipialkonstruktion als Entsprechung eines Relativsatzes.[1]

[1] *... following one of the most closely fought British elections*: *following* ist seiner verbalen Funktion völlig verlustig gegangen und hat nur noch die Funktion einer Präposition – ähnlich wie *given, concerning, including.*

b. Gerundkonstruktion

He explicitly denied that he had any intention of ever privatizing...[1]

Was John Major uns zwar nicht enthüllt, das Übersetzen aber genauso erschwert:

c. Infinitiv-Konstruktionen

The Labour Party has elected John Smith as leader, to replace Neil Kinnock and try to convince voters that Labour is ready to govern. – Die Labour Party hat John Smith zu ihrem Parteiführer gewählt, der nun die Stelle Neil Kinnocks einnimmt und die Wähler von der Regierungsbereitschaft der Partei überzeugen soll.

Infinitiv als Entsprechung eines Relativsatzes mit modalem Hilfsverb.

➔➔ AB 9 „Infinitiv", S. 47

Achtung!

Besonders schwierig wird es bei Partizipial-, Gerund- und Infinitiv-Konstruktionen mit eigenem Sinnsubjekt.

Das Sinnsubjekt des Partizips, Gerunds oder Infinitivs wird Subjekt des deutschen Nebensatzes:

Partizip mit eigenem Sinnsubjekt – sog. unverbundenes Partizip:

From early on Major faced an extraordinary depth of opposition, with members of his party refusing to accept his fitness to run the party.
Von Anfang an sah sich John Major mit einer außergewöhnlich starken Opposition konfrontiert, da auch / wobei auch eigene Parteimitglieder seine Führungsqualität nicht anerkennen wollten.
(*with*-Konstruktionen sind sehr häufig und bezeichnen meist Gleichzeitigkeit und Kausalität)

Gerund mit eigenem Sinnsubjekt

Major couldn't understand any Prime Minister being able to spare the time for that.
John Major war es unverständlich, wie irgendein Premierminister dafür Zeit aufbringen konnte.

Infinitiv mit eigenem Sinnsubjekt

Time is running out for the US and Europe to settle their quarrel over farm subsidies.
Es ist höchste Zeit, daß die USA und Europa ihren Streit über Subventionen in der Landwirtschaft beilegen.
(*for* ist hier nicht als Präposition im Sinne von „für" aufzufassen, sondern nur ein Funktionswort, das auf das Sinnsubjekt des Infinitivs hinweist!)

[1] Die Übersetzung der Beispielsätze finden Sie auf den Seiten 154–155

d. asyndetische Reihung

(Aneinanderreihen von meist verkürzten Sätzen ohne verbindende Konjunktion)

Fiery and icy, solid and sexy, Schygulla embodies the new European woman. – Heißblütig und eiskalt, solide und sexy, so verkörpert die Schygulla die neue Frau in Europa.

Ergebnis

Die aufgeführten Mittel der Satzverkürzung zeigen **die Eigenheit des Englischen, logische Verknüpfungen nur zu implizieren**.
Sinneinheiten werden blockartig aneinandergereiht, während wir im Deutschen ein Gefüge von Neben-, Unter- und Überordnungen schaffen müssen.
Worauf sich ein Partizip, ein Gerund oder Infinitiv beziehen, läßt sich oft nur aus dem Sinnzusammenhang erkennen. Für die verschiedenen Arten des logischen Bezugs stehen im Deutschen verschiedene Arten von Nebensätzen und adverbiale Bestimmungen zur Verfügung.
Häufig gibt es bei der Übersetzung Alternativen, die Wahl unter den teilweise synonymen Konjunktionen ist dabei weitgehend dem Sprachgefühl überlassen.

Was uns weiterhin Probleme bereitet sind:

3. Präpositionen und Konjunktionen

Aufgrund fehlender Kasusendungen hat das Englische die Fähigkeit, Substantive und Verben mit mehreren Präpositionen zu verbinden und dadurch komplexe Sinneinheiten zu bilden:
Is your company open in its attitude to and treatment of male and female employees alike? – Ist Ihre Firma gleichermaßen aufgeschlossen gegenüber männlichen und weiblichen Angestellten und werden sie auch dementsprechend behandelt?

Es können bei mehreren Unterordnungen zwei Konjunktionen aneinandertreffen – im Deutschen ist das ein Stilfehler!
Ukraine must understand that if they were to sell their wheat to western Europe, they would have the E.C. up in arms. – Die Ukraine muß sich darüber im klaren sein, *daß sie bei einem* Verkauf ihres Weizens im Westen die EG gegen sich aufbringen würde./daß sie die EG ...., wenn sie .... (nicht: .... daß, wenn ....).

Fazit für Sie als Übersetzerin

Sie müssen die logische Struktur des englischen Satzes durchschauen.
Voraussetzung dafür sind **gute Kenntnisse der englischen Grammatik**.
Sollten Sie Schwierigkeiten haben, dann hilft nichts anderes, als in einer Grammatik die Kapitel über Gerund, Partizip und Infinitiv durchzuarbeiten.

> Tip: Wir empfehlen für den Zweck der Herübersetzung:
> Ungerer/Meier/Schäfer/Lechler, *Grammatik des heutigen Englisch*
> Adolf Lamprecht, *Grammatik der englischen Sprache*

Übungen

Der englische Satzbau

Übung 1

Übersetzen Sie den Beispieltext aus der *New York Times* (S. 105) und achten Sie besonders im zweiten Satz auf die richtigen logischen Bezüge.
(Lösungsvorschlag S. 154–155)

Übung 2

Wiederholen Sie folgende Arbeitsblätter, die vor allen Dingen syntaktische Eigenheiten des Englischen beinhalten:

AB 1 „while“
AB 5 „as“
AB 7 „Das verflixte *it*“
AB 9 „Infinitiv“
AB 12 „what“
AB 14 „Satzbauhürden“

Informationsteil
Nominalstil

Unverständliche Satzungetüme oder komprimierte Gedankenfülle?

Ein typisches Merkmal des zeitgenössischen Deutsch ist der Nominalstil. Wenn in einem Text die Bedeutungsträger überwiegend Substantive – möglicherweise auch Adjektive – sind und die Verben zum größten Teil nur noch syntaktische Funktion haben, dann spricht man vom Nominalstil.
Die verbalen Inhalte werden dabei von diesen Substantiven, Adjektiven oder Partizipialattributen übernommen.
Beispiele für den Nominalstil lassen sich vor allem bei Fachtexten, z.B. Wirtschafts- und Techniktexten, bei Berichten, Zusammenfassungen und ähnlichen sachlichen Texten finden. Mit Hilfe des Nominalstils läßt sich sachlich und knapp informieren, er genügt den Forderungen der Sprachökonomie, der konzentrierten Information.[1]

Nur eine kurze Bemerkung zur anhaltenden Diskussion um den Nominalstil:
Eine pauschale Verdammung ist sicher nicht gerechtfertigt. Es ist immer zu überlegen, welche Funktion der jeweilige Text erfüllen soll. Oberstes Prinzip bei der Erstellung eines Textes sollte immer die Verständlichkeit sein. Dabei kommt es auf den Adressaten an: Ein Fachmann versteht einen komprimiert formulierten Text leicht, ein Laie mag Schwierigkeiten haben. Ganz generell sind wir selbstverständlich auch nicht für Formulierungen im Nominalstil, die nur durch mehrmaliges Lesen zu entschlüsseln sind.

[1] s. auch Eggers: 15–28.

Mit dieser Broschüre möchte das Auswärtige Amt der Öffentlichkeit eine in seinem Auftrag *erstellte* wissenschaftliche Studie des Instituts für deutsche Sprache *zugänglich machen*, deren Thema „Deutschsprachige Minderheiten" *von* kulturellem, politischem und wissenschaftlichem *Interesse ist*.
Die Bundesregierung hat sich in ihrem dem Deutschen Bundestag *vorgelegten* Bericht über die deutsche Sprache in der Welt auch zu einer *verstärkten Förderung* des Deutschen bei deutschsprachigen Minderheiten und deutschstämmigen *Bevölkerungsgruppen* bekannt ... Verläßliche Informationen über die *Verbreitung* und den *Gebrauch* der deutschen Sprache in nicht-deutschsprachigen Ländern sind eine wichtige *Planungsgrundlage* für den *beabsichtigten Ausbau* der *Sprachförderung* für deutsche Muttersprachler und Nachkommen deutschsprachiger Emigranten...

(aus dem Vorwort dieser Broschüre)

Merkmale des Nominalstils

- **Funktionsverben**
  d.h. Verben, die nur noch syntaktische Funktion haben. Die Bedeutung trägt das Substantiv oder das Adverb:
  zugänglich machen, von Interesse sein
- **Partizipien als Attribute**
  auch sie übernehmen die Bedeutung der Verben
  erstellt, vorgelegt, verstärkt, beabsichtigt
- **Substantive sind oft Deverbativa**
  d.h. sie übernehmen die Bedeutung der Verben
  Förderung, Verbreitung, Ausbau, Gebrauch
- **substantivierte Infinitive**
  in diesem Text kein Beispiel vorhanden
- **Komposita**
  Bevölkerungsgruppe, Planungsgrundlage, Sprachförderung
- **doppelnde Reihung**
  bei deutschsprachigen Minderheiten und deutschstämmigen Bevölkerungsgruppen
  die Verbreitung und den Gebrauch
- Blockbildung durch eine **Häufung von Attributen** verschiedenen Grades:
  eine in seinem Auftrag erstellte wissenschaftliche Studie des Instituts für deutsche Sprache
  ihrem dem Deutschen Bundestag vorgelegten Bericht über die deutsche Sprache in der Welt
- Ergebnis: Knappheit, Sachlichkeit, Rationalität > **Sprachökonomie**

Übungen

Knapp und bündig

Übung 1

Vermeiden Sie die Nebensätze mit Hilfe eines Substantivs, evtl. eines Kompositums oder eines Attributs

Auswahl aus einer Tageszeitung – aber nicht im Originalton:

1. Er wurde beschuldigt, er habe die Daten gefälscht.
2. Nach Angaben von Personen, die daran teilnahmen, erhielt der Abgeordnete bei der Wahl die Mehrheit der Stimmen.
3. Er bezeichnete es als das größte Problem der deutschen Wirtschaft, daß sie so sehr vom Export abhänge.
4. Er wünscht sich einen Kompromiß, der zu finanzieren ist.
5. Er will Vorschläge in die Sitzung einbringen, die seit langem am 5. Februar geplant ist.
6. Viele Touristen besuchen die Salzburger Festspiele, die jedes Jahr im August stattfinden.

Übung 2

Vermeiden Sie Nebensätze mit Hilfe adverbialer Bestimmungen

z.B.: kausal: Wegen ...... / Durch ......
konditional: Bei ruhiger Überlegung / Mit etwas Fleiß ......
final: Zur Erholung ......
konzessiv: Trotz ......
konsekutiv: In ihrem Eifer ..... / Zum Verwechseln .....
temporal: Bei der Begegnung ..... / Nach Bekanntgabe .....

Wie müßten die folgenden Beispiele nach Nachrichtenart lauten?

nicht: Als die Minister sich trafen ...
sondern: ______________________________

nicht: Wie der Sprecher der Partei angab ...
sondern: ______________________________

nicht: Wie vorläufig berechnet wurde ...
sondern: ______________________________

nicht: Als das Penicillin entdeckt wurde ...
sondern: ______________________________

nicht: Nachdem dies entschieden worden war ...
sondern: ______________________________

nicht: Wie vorläufig berechnet wurde ...
sondern: ______________________________

Kürzen Sie entsprechend

1. Der Wirtschaftskrise muß dadurch begegnet werden, daß man von der rigiden Haushaltspolitik abkehrt.
2. Wenn der europäische Binnenmarkt eingeführt wird, werden viele Probleme noch deutlicher hervortreten.
3. Nachdem bereits seit 5 Jahren verhandelt wird, wäre es an der Zeit, daß ein konkretes Ergebnis erreicht wird.
4. Obwohl der Transport der Güter lückenlos überwacht wurde, kam es zu Unregelmäßigkeiten.
5. Wenn mehr Bürger daran beteiligt würden, eine Entscheidung herbeizuführen, könnten solche Fehlschläge vermieden werden.
6. Als die Firma ihre neue Produktpalette vorstellte, nannte sie als Verkaufsziel einen Marktanteil von 1%.

Tip: Lesen Sie Thomas Bernhards *Wittgensteins Neffe*. Sie werden sich an seiner Wortkunst und seiner Ironie, die er vielfach durch nominale Fügungen – besonders Partizipialattribute – erreicht, erfreuen!

Informationsteil
Rhetorische Stilmittel

Seit der Antike

Viele Stilmittel sind seit der Antike bekannt, und auch heute noch spielen sie eine wichtige Rolle bei der Gestaltung eines Textes.

Die politische Rede verdeutlicht dies exemplarisch. Hier ist unmittelbar ersichtlich, wie mit rhetorischen Mitteln Sachverhalte oder Meinungen eindringlicher, überzeugender und plastischer dargestellt werden können.

Aber auch andere Textsorten wie Werbung, Trivialliteratur, feuilletonistische Texte etc. bedienen sich rhetorischer Stilmittel; und sie werden auf allen Stilebenen benutzt.

! Die Übersetzerin muß deshalb rhetorische Stilmittel kennen und erkennen.

Es geht uns natürlich nicht darum, bei einer stilistischen Analyse des AT einfach die jeweils verwendeten rhetorischen Figuren aufzuzählen, wichtig ist vielmehr die Überlegung:

Welche Funktion haben die rhetorischen Stilmittel im Ausgangstext?
Ist unter Berücksichtigung der Zieltextfunktion eine Übertragung in die Zielsprache notwendig?

Beispiel

*There is only a seething **w**ilderness of **w**ater, **w**hipped by the howling storms of the Roaring Forties.*
→→ Text 5 „Splendour", Z. 6/7, S. 36
Stilmittel: Alliteration, rhythmische Satzmelodie

Welche Funktion haben diese Stilmittel?

Sie tragen zu einer **bewußt anspruchsvollen Sprachgestaltung** bei. Ein Vorwort auf hohem sprachlichen Niveau wird einem aufwendig gestalteten Bildband vorangestellt. Der Leser erkennt an Sprache und Aufmachung, daß es sich hier um ein „kostbares" (und teures) Buch handelt.
Die Stilmittel sind demnach nicht einfach „Zierde", sondern haben eine Funktion.

Müssen diese Stilmittel im Deutschen übernommen werden?

Wenn Ihnen im Deutschen eine **sinnvolle Alliteration** einfällt, z.B. „diese **w**eite, **w**ilde **W**asser**w**üste, aufge**w**ühlt durch ...", dann können Sie durchaus so übersetzen; gibt es jedoch nur unbefriedigende Lösungen, dann verwenden Sie an einer geeigneteren Stelle eine Alliteration oder auch ein anderes Stilmittel. Wichtig ist die Erkenntnis, daß wir auf jeden Fall bei diesem Text die „bewußt anspruchsvolle Sprachgestaltung" beibehalten müssen.

Tip: Untersuchen Sie zum Vergleich den Stil der DuMont Reiseführer! Auch hier versuchen die Autoren, eine gehobene Stilebene und eine anschauliche, lebendige Sprache zu benutzen.

Rhetorische Figur
Sammelbegriff der Rhetorik für alle Arten geplanter syntagmatischer Abweichungen von der normalen Abfolge sprachlicher Elemente. (Bußmann: 650)

oder:

Als rhetorische Figuren werden alle absichtlichen Abweichungen von der Alltagsredeweise bezeichnet.

Es gibt sehr viele Möglichkeiten der Abweichung, deshalb wollen wir hier keinen vollständigen Katalog aller Stilmittel aufführen, sondern uns auf die wichtigsten Begriffe beschränken. Die Hälfte davon dürfte Ihnen schon bekannt sein, also müssen Sie sich nicht mehr allzu viele neue Begriffe einprägen!

Wir unterscheiden zwischen:

I. bildlichen Figuren

A. Metapher +
- 1. Synästhesie +
- 2. Personifikation +

B. Metonymie +
- pars pro toto +

C. Vergleich

II. nichtbildlichen Figuren

A. Wortfiguren
- 1. Emphase (Nachdrücklichkeit)
- 2. Hyperbel (Übertreibung)
- 3. Litotes +
- 4. Umschreibung
  - a. Euphemismus +
  - b. Preziosität (gekünstelt)
  - c. Paraphrase (erklärend)

B. Satzfiguren
- 1. Parallelismus (gleichlaufende Satzglieder)
- 2. Chiasmus +
- 3. Inversion (Umstellung der Satzteile)

C. Gedankenfiguren
- 1. rhetorische Frage
- 2. Antithese +
- 3. Oxymoron +

D. Klangfiguren
- 1. Wortwiederholung
  - a. Anapher (am Anfang)
  - b. Epipher (am Ende)
  - c. Anadiplose (Ende eines Satzes am Anfang des nächsten)
  - d. Hendiadyoin +
  - e. Pleonasmus +
  - f. Tautologie +
- 2. Wortspiel (*pun*)
- 3. Onomatopöie (Lautmalerei)
- 4. Alliteration (Stabreim)[1]

(Die mit + gekennzeichneten Begriffe werden im folgenden näher erklärt)

[1] Einteilung der rhetorischen Figuren nach: Braak: 29 ff.

I.A. Metapher

Übertragene Bedeutung eines Wortes, nach der es nicht im **eigentlichen** Sinn gebraucht wird. Also ein **uneigentlicher** oder **bildhafter** Ausdruck. Heute nicht mehr als „gekürzter“ Vergleich gesehen, da beim metaphorischen Sprechen die Vergleichsvorstellung nicht zum Bewußtsein kommt:
Ölpest, einen Gegner ausschalten,
desert storm (Golfkrieg), *to park one's children with s.b.*

I.A.1. Synästhesie

Vermischung zweier oder mehrerer Sinnesgebiete:
Farbton, „Golden wehn die Töne nieder“ (Brentano)
the smell of the lush green of the jungle

I.A.2. Personifikation

Belebung eines Dinges oder eines Abstraktums.
Neben der **vollständig ausmalenden Darstellung:**
Schön ist der Friede! Ein lieblicher Knabe, liegt er gelagert am ruhigen Bach. (Schiller, *Braut von Messina*)
kann eine Personifikation auch ausgedrückt sein
im Verb: Der Glaube besiegt die Furcht
im Adjektiv: blinder Zufall
im Substantiv: Mutter Natur.

Im Englischen auch durch
den *s*-Genitiv: *California's beauty*
die Pronomen: *Britain has divested herself of most of her colonies. She has ...*
Beispiele dafür finden Sie in vielen englischen Texten (z.B. in Text 8), da das Englische stärker zu Personifikationen neigt als das Deutsche.
Siehe Schlagwort „Personifikation“.

I.B. Metonymie

Ein Wort wird durch ein anderes ersetzt, das zu ihm in enger Beziehung steht.
Das kann zum Beispiel der Firmenname sein: „Uhu“ für Klebstoff
AE *scotchtape* / BE *sellotape* (Tesafilm)
to hoover (staubsaugen)

oder **pars pro toto**
ein Teil steht für das Ganze:
Kopf statt Mensch, Lenze statt Jahre
to earn ones bread and butter (*to earn ones living*)

II.A.3. Litotes

Untertreibung:
nicht ungern, ganz gut; *not bad*
He was a composer of no ordinary merit. (Conan Doyle)

II.A.4.a. Euphemismus

Beschönigende, verhüllende oder neutralisierende Umschreibung:
Sozialpartner, Raumpflegerin, in beschränkten Verhältnissen, freigestellt statt entlassen;
involuntarily leisured (jobless), lower-income groups (poor), to spend a penny (to go to the lavatory).

II.B.2. Chiasmus

Kreuzweise Anordnung von vier Satzgliedern nach dem Muster:
A B B A
Er war erniedrigt, vernichtet war er.
Destroying others, by himself destroyed...

II.C.2. Antithese

Zusammenstellung gegensätzlicher Begriffe, oft Antonyme:
Heiß ist die Liebe, kalt ist der Schnee.
Give me life or give me death. To be or not to be.

II.C.3. Oxymoron

Zwei einander widersprechende Begriffe: alter Knabe, sauberer Krieg; *eloquent silence*, *pregnant pause*, *the icy glare of the sun.*

II.D.1.d. Hendiadyoin

„eins durch zwei"
Ein Begriff wird in zwei ungleichrangige Ausdrücke zerlegt:
Wir tranken aus Gold und aus Bechern (Vergil). *We drink from cups and gold.*

Allgemein aber auch intensivierende Verknüpfung zweier bedeutungsverwandter Begriffe, oft formelhaft: Ich möchte es hier und jetzt noch einmal sagen. Haus und Hof; *goods and chattels.*
➔➔ AB 2 „Hendiadyoin", S. 18

II.D.1.e. Pleonasmus

Hinzufügen eines überflüssigen Ausdrucks, der im Gesagten schon enthalten ist: schwarzer Rappe.

II.D.1.f. Tautologie

Wiederholung des bereits Gesagten mit einem sinnverwandten Wort oder einem Synonym und in diesem Sinne gleichzusetzen mit der allgemeinen Bedeutung eines Hendiadyoins:
I fully agree and I am absolutely of your opinion.

Übung

Üben Sie den preziösen Stil durch die Wahl einer rhetorischen Figur

in dieser trivialen Geschichte von Helmut, dem aufstrebenden Landwirt, und seiner Lebensgefährtin.

1. Sie hatte Helmut schon tausendmal gewarnt, daß sich seine Hoffnungen nicht erfüllen würden und seine Ziele zu hochgesteckt seien.
   (*rhetorische Frage*)
2. Nun waren sie also gescheitert. Aber sie waren nicht zerstört.
   (*Chiasmus*)
3. Der Lebensmut hatte sie noch nicht verlassen, das Blut floß noch immer heiß in ihren Adern. Es war noch nicht zu spät für einen neuen Beginn.
   (*Anapher*)
4. Sie hatten schon einmal alles verloren und waren mit allem, was sie hatten, zum Nachbarhof gezogen.
   (*Hendiadyoin*)

5. Dorthin, wo die Hühner noch glücklich ...., der Hahn noch fröhlich ...., die Gänse eifrig ....
(*Lautmalerei*)

6. Doch Helmut wollte sein eigener Herr sein und strebte nach Eigenständigkeit, denn vom Leben erwartete er sich mehr, als Dienstkraft beim Großbauern zu sein.
(*Parallelismus*)

7. Der Großbauer war ein schöner Mann mit großem Vermögen,
(*Litotes*)
der den Frauen nachstellte.
(*Euphemismus*)

8. Sie war auch einmal verliebt in ihn gewesen, und sie hatte von ihm geträumt und ihn im Traum geküßt.
(*Inversion*)

9. Doch sie wußte, sie wäre nur eine für ihn unter den vielen gewesen, die er schon gehabt hatte.
(*Metapher*)

10. Sie hatte nur die Schmerzen, nicht aber die Freuden der Liebe erfahren.
(*Alliteration*)

Der populäre Zorn explodierte

oder vom Unsinn des Fremdworts an der falschen Stelle

Kurzarbeit

Klasse: 2a
Name: Max Müller

Popular anger in England over the country's new "poll tax" exploded last Saturday, when a large demonstration in central London suddenly turned into a full-scale riot. Thousands of protesters hurled stones and bottles at police, vandalized stores and overturned cars. The city's West End district looked like an urban battle-field: theatres and restaurants were closed, and tourists ran for cover.
This riot may eventually prove to be the last straw that breaks the government's back.

Am Samstag explodierte der populäre Zorn in England über die neue „Kopfsteuer", als eine Großdemonstration in Zentrallondon sich plötzlich zu einem wahren Aufruhr auswuchs. Tausende von Protestierenden schleuderten Steine und Flaschen auf die Polizei, vandalisierten in Geschäften und kippten Autos um. Der West End District der City glich einem urbanen Kriegsschauplatz: Theater und Restaurants wurden geschlossen, Touristen brachten sich eilends in Sicherheit.
Es könnte sein, daß dieser Aufruhr eventuell den Ausschlag für den Sturz der Regierung gibt.

Wie beurteilen Sie die Übersetzung von Max Müller? Nehmen Sie einen Rotstift und streichen Sie alles an, was Ihnen nicht richtig erscheint.

Lösung

Trotz einiger ganz geschickter Lösungen beherrscht Max Müller eines nicht: **das Fremdwort.**
Er hat es sich zu leicht gemacht und englische Begriffe einfach ins Deutsche übernommen. Damit hat er sich folgende Fehler – und keine gute Note – eingehandelt:

1. Drei **Sinnfehler:**

Z. 1 *popular anger*
richtig: „der Zorn des Volkes"

Z. 5/6 *the city's West End district*
richtig: „der Stadtteil West End";
„City" verwenden wir für das Stadt- und Geschäftszentrum amerikanischer Großstädte und ist hier außerdem als Name des Londoner Banken- und Börsenviertels mißverständlich.
Ein „Distrikt" ist ein Verwaltungsbezirk.

Z. 9 *eventually*
richtig: letztendlich, schließlich.

2. Zwei **Wortschatzfehler:**

Z. 4 u. 5 *protesters .... vandalized*
richtig: „Demonstranten ... demolierten / verwüsteten", es heißt zwar „protestieren", aber „Demonstrant", es gibt die Substantive „Vandalismus" und „der Vandale", aber nicht das Verb.

3. Drei **Ausdrucksfehler:**

Z. 2 *exploded*
richtig: „der Zorn des Volkes entlud sich".

Z. 3 *central London*
richtig: „Innenstadt von London" (Zentralbahnhof, aber nicht Zentrallondon!).

Z. 6 *urban battlefield*
richtig: „Kriegsschauplatz/Schlachtfeld (in der Großstadt)". Nachdem zuerst schon von „Stadtteil" die Rede ist, bleibt *urban* hier am besten unübersetzt.
Vgl. *urban jungle* – Großstadtdschungel
Das Fremdwort „urban" wird nur in bestimmten fachsprachlichen Wendungen, z.B. „urbanes Wohnen, urbanes Umfeld", im Sinne von städtisch gebraucht. Allgemeinsprachlich entspricht es dem englischen *urbane*, was soviel wie „weltgewandt, verfeinert" bedeutet.

Zur Typologie des Fremdwortes in der Übersetzung

1. Der englische Begriff und das deutsche Fremdwort können deckungsgleich sein:

Meist sind das die sog. **Internationalismen** mit griechisch/lateinischem Wortstamm, die es in fast allen europäischen Sprachen gibt (Theater, Tourist, Restaurant).

2. Das deutsche Fremdwort und der englische Begriff decken sich inhaltlich, aber im deutschen Text ist das Fremdwort aus stilistischen Gründen nicht angebracht.

a. Es ist unidiomatisch: wir explodieren vor Zorn, aber der Volkszorn explodiert nicht, sondern entlädt sich.

b. Es paßt nicht in die Textsorte.

c. Es hat andere Konnotationen: die Entsprechung zwischen deutschem Wort und Fremdwort ist nur eine scheinbare (s.o. urban – städtisch).

3. Das Fremdwort und das englische Wort beinhalten nicht dasselbe:

sog. *false friends*: *popular/eventually/city*

4. Das sog. Fremdwort gibt es nicht einmal als Fremdwort, es wird vom Übersetzer versuchsweise geschaffen – ist oft Ausdruck der Hilflosigkeit des Übersetzers (s.o. „vandalisieren").

zu 1. Internationalismen und Anglizismen

Ursache für die enorme Zunahme der sog. **Internationalismen** (Demonstration, Pro-

vokation, Relevanz, Mobilität etc.), die heute fast ausschließlich aus dem Englischen bzw. Amerikanischen ins Deutsche gelangen, sind einerseits der rasante technische Fortschritt und andererseits die Massenmedien. Experten, Auslandskorrespondenten und Agenturen übernehmen die Begriffe; die Mühe der Übersetzung erspart man sich.
So war in jüngster Zeit in der SZ zu lesen vom „intransigenten Politiker", von einem der „depraviertesten" Wohngebiete in Glasgow und vom Formalen als „Komplement" des Inhaltlichen.

Englische Begriffe zu verwenden gilt als äußerst chic und zeugt von der eigenen Weltläufigkeit – und das nicht nur im Bereich der Popmusik. Hier liegt wohl die Wurzel für die meisten **Anglizismen.**
Häufig werden englische Strukturen und Formulierungen ins Deutsche übernommen, etwa wenn es heißt „einmal mehr", statt noch einmal oder „das ist überzeugend genug", statt „das ist wirklich überzeugend", wenn von „öffentlichen Figuren" und einem „politischen Führer" gesprochen wird (so gelesen in der Besprechung eines amerikanischen Buches in der SZ vom 10.11.92, S. 14) – aber korrektes Deutsch ist das – jedenfalls bisher – nicht.

Anglizismen sind auch die Fremdwörter, die fälschlicherweise im englischen Sinn gebraucht werden – so etwa, wenn es in einer Tageszeitung heißt, die Partei habe „die Kontrolle über das Land" (gemeint ist die Herrschaft im Sinne des engl. *control*) oder wenn von „dramatischen Veränderungen" oder „drastischen Steigerungen beim Wohnungsbau" gesprochen wird. Veränderungen oder Steigerungen sind im Deutschen höchstens erheblich, deutlich oder enorm.
(➔➔ Text 1 „Einstufungstest" und Text 8 „Upheaval")

In einer Theaterkritik in der SZ hieß es von den Monologen des Helden in einem Stück von Christopher Marlowe gar, sie seien der „ultimative rhetorische Overkill" gewesen, wobei „ultimativ" einfach dem englischen „ultimate" gleichgesetzt wird.

zu 2. b. Textsorte und Fremdwort

Ein unpassendes Fremdwort kann die Textsorte und Intention des Autors verfälschen.

Ein allgemeiner Text wird zu einem halbwissenschaftlichen, da das Fremdwort nicht als allgemein verständlich gelten kann. (➔➔ Text 7 „Television and Theatre": *dichotomy*)

Ein narrativ-bildhafter Text wird zu einem sachlichen. (➔➔ Text 4 „Trivialtext": *moment*, *insect*, *studying*, die entsprechenden Fremdwörter würden hier die ganze „Stimmung" stören)

Ein anspruchsloser Text wird zu einem anspruchsvollen.

zu 3. False Friends

Viele der sog. *false friends* lernt schon der Anfänger.
Daß *eventually* nichts mit unserem Fremdwort „eventuell = möglicherweise" zu tun hat und *popular* nicht immer mit populär gleichzusetzen ist, hätte Max Müller wissen müssen. Ebenso sind *ordinary people* keine ordinären, sondern ganz gewöhnliche Leute, wie uns Text 8 „Upheaval" zeigt, und in Text 5 „Splendour" wird deutlich, daß die Grundbedeutung von *delicate* „zart, zerbrechlich" ist und nicht etwa „delikat = wohlschmeckend".

Tip: Stehen Sie vor dem Problem, ob Sie den englischen Begriff als Fremdwort im Deutschen übernehmen können, dann stellen Sie sich die folgenden drei Fragen:

1. Hat das FW dieselbe Bedeutung wie das englische Wort an der betreffenden Textstelle – d.h. sind die denotative und konnotative Bedeutung identisch?

2. Gibt es auch ein passendes deutsches Wort?

3. Wenn ja, welches Wort paßt stilistisch besser (Textsorte beachten!)?

Als Grundregel gilt: Nur Fremdwörter verwenden, über deren Bedeutung man sich auch klar ist.

Über die Bedeutung eines Fremdworts geben uns die entsprechenden Lexika Auskunft, über deren Verwendbarkeit an einer bestimmten Textstelle nicht. **Hier geben die Erfüllung der Textnorm und die konnotativen Bezüge den Ausschlag**.

Nachschlagewerke:
Wahrig, *Deutsches Wörterbuch*
Duden Bd. 5, *Fremdwörterbuch*

Übung

Das Fremdwort

Ist die Verwendung des Fremdworts im folgenden Text (schriftsprachliche Stilebene, allgemeines Thema) immer gerechtfertigt?
Nehmen Sie einen Rotstift zur Hand und streichen Sie alle Fremdwörter an, die Sie mit mindestens einem „halben Fehler“ bewerten würden.

In niedriger Höhe überflog ein Helikopter das Haus. Frau S. blickte ihm nach. Sie wußte, er war unterwegs zum Aerodrom des nahen Großkrankenhauses. Für einige Momente war der angeregte Small Talk verstummt. Herr S. nutzte die Pause, um einigen Gästen ein Glas Sekt zu offerieren. Dann kam es zu einem kleinen Streitgespräch über die expressiven Zeichnungen, die Herr S. vor wenigen Tagen auf einer Auktion erstanden hatte. Frau S. hatte ihren frankophilen Ehemann ermutigt, die kleine Zeichnung von Rodin zu ersteigern. Lange Zeit hatte sie nur abstrakte Kunst gekauft, aber jetzt erschien ihnen beiden diese Stilrichtung obsolet. Frau S. fungierte in der Kleinstadt, in der sie lebten, als eine Art selbsternannte Vermittlerin französischer Kultur. Wobei sie allerdings französische Comics aus ihren Bemühungen ausschloß.
Später nahmen zwei Herren, die an diesem Abend ein wenig overdressed wirkten, Herrn S. beiseite. Jedermann wußte, daß Einladungen bei den S. geschäftliche Kontakte implizierten.

Hispanics – affirmative action – primaries – WASP
Muß ich das übersetzen?

Fast in jedem Text wird die Übersetzerin mit sogenannten **Unika** konfrontiert, d.h. mit Namen von Einrichtungen, Institutionen, Personen und Sachverhalten, die es nur in der Soziokultur der ausgangssprachlichen Welt gibt.

Bevor Sie einfach die englischen Begriffe übernehmen („Das kann man doch gar nicht übersetzen!"), überlegen Sie sich doch erst einmal, wie Ihr **Übersetzungsauftrag** lautet, welche **Funktion** die Übersetzung hat:

Für wen übersetze ich den Text?
Wo soll die Übersetzung erscheinen?

Übersetze ich
1. Für einen Leser, der nur sehr geringe Kenntnisse von England oder Amerika hat, oder
2. für einen Leser, der ein paar Kenntnisse besitzt, oder
3. für einen auf diesem Gebiet sehr gebildeten Leser?

Überschätzen Sie aber auch die Kenntnisse eines gebildeten Leserkreises nicht!

! Der Leser möchte die Übersetzung mühelos verstehen können.

Beispiel

Sie sollen einen Text über die Wahl des amerikanischen Präsidenten als Grundlage für eine Reportage auf der dritten Seite der Süddeutschen Zeitung übersetzen.

Adressat: gebildeter Leserkreis
Textsorte: Reportage

In dem AT finden sich die Begriffe *primaries* und *caucuses*.

In einer Reportage soll eine lebendige, authentische Atmosphäre geschaffen werden, deshalb empfiehlt es sich hier u.U., die Begriffe zu übernehmen. Während einem gebildeten Leserkreis vielleicht noch *primaries* bekannt sein dürften, trifft dies auf *caucuses* jedoch meist nicht mehr zu. In diesem Fall bietet sich die Lösung an, *primaries* zu übernehmen, aber in einer Apposition zu erklären, und *caucuses* gleich zu übersetzen:

„In den *primaries,* den amerikanischen Vorwahlen, und bei den Versammlungen der Parteibasis konnte der Kandidat ...."

Grundsätzlich gibt es mehrere Möglichkeiten

1. Übernahme des Begriffs, da er allgemein bekannt ist

BBC, *Downing Street*, *Times*

Eine nähere Angabe kann aber auch für das Verständnis des Textes wichtig sein: Selbst die *Times*, eine der seriösen Zeitungen, ...

2. Die deutsche Übersetzung ist allgemein bekannt, oder der Begriff läßt sich leicht übersetzen

the House of Commons, the Prime Minister, affirmative action

Dabei ist es manchmal notwendig, das entsprechende Land anzugeben:

das britische Unterhaus, der britische Premierminister, die Quotenregelung für Minderheiten in Amerika.

Für eine Reportage zum Beispiel weniger geeignet, denn damit geht die auslandskundliche Atmosphäre verloren!

3. Übernahme des Begriffs, Übersetzung in Klammern

oder andersherum: Übersetzung und Original in Klammern

das *Census Bureau* (das Statistische Bundesamt in den USA)
die *Prime Rate* (der Ausleihsatz an erste Adressen)
das/die *Fed* (amerikanische Notenbank)

Die Klammerübersetzung ist nicht sehr beliebt, da sie beim Lesen stört.

4. Abkürzung im Original, Übersetzung in Klammern

oder andersherum: Übersetzung, Abkürzung im Original in Klammern

WASP (privilegierter, protestantischer Weißer angelsächsischer Herkunft),
BPAS (der englische Schwangerschaftsberatungsdienst),
hochauflösendes Fernsehen (*HDTV*).

In einer Fachzeitschrift könnte natürlich auch nur die Abkürzung HDTV verwendet werden.

5. Originalausdruck im Kursiv-oder Fettdruck, Übersetzung als Apposition

Siehe Beispiel:
Die *Hispanics*, wie sämtliche Zuwanderer aus Lateinamerika genannt werden, ...

Diese Möglichkeit liest sich sehr glatt und wird deshalb gern verwendet.
Wie ausführlich der Übersetzer den Begriff erklärt, „bis zu welchem Grad der Differenzierung er den soziokulturellen Hintergrund sichtbar machen muß“ (Hönig/Kußmaul: 53.), hängt von der jeweiligen Textfunktion ab:
John Major sieht nicht wie ein Sieger aus. „Der Premierminister in seinem ***Barbour*** *und auf seiner* ***Seifenkiste****“, klagt die frühere Tory-Ministerin Edwina Currie, „wirkt wie der Oppositionsführer.“ Der* ***Barbour*** *ist jene zeitlose grüne Wachsjacke, die nicht nur die Königin in ihrer Freizeit trägt, sondern jeder, der sich ausdrücklich nicht zum Proletariat zählt ... Schon als Junge in Brixton hatte John Major eine* ***soapbox*** *– eine feste Holzkiste, mit einer Lade (in der in früheren Zeiten tatsächlich Seife bewahrt wurde), von der herab er auf Passanten in Brixton Road einredete ...* (SZ, 4./5. April 1992)

6. Anmerkung des Übersetzers als Fußnote

Eine Fußnote des Übersetzers wirkt sehr umständlich und wird deshalb sowohl von den Lesern als auch von den Verlagen nicht geschätzt. Sie lenkt die Aufmerksamkeit auf die Person des Übersetzers, dadurch drängt er sich sozusagen in den Vordergrund. Deshalb sollte man diese Möglichkeit auf die allernotwendigsten Fälle beschränken.

7. Mischtechniken, z.B. beim ersten Mal Original mit Übersetzung, dann nur noch Original oder nur noch Übersetzung

Denken Sie daran:

! Welche dieser verschiedenen Möglichkeiten Sie verwenden, hängt von der Funktion Ihrer jeweiligen Übersetzung ab.

Auch **in einer Prüfung** hat Ihre Übersetzung eine ganz bestimmte Funktion: Sie sollen Ihre Fremdsprachenkenntnisse unter Beweis stellen. Überlegen Sie sich also gut, ob Möglichkeit 1 wirklich auf das jeweilige Unikum zutrifft, beim geringsten Zweifel wählen Sie Möglichkeit 2 oder 3.

Tip: Suchen Sie nicht nur in ein- oder zweisprachigen Wörterbüchern nach politischen, sozialen und wirtschaftlichen Unika, sondern auch in Büchern wie:

Aktuell ... – Das Lexikon der Gegenwart, Harenberg Lexikon-Verlag
Aktuelles Lexikon ..., Süddeutsche Zeitung

Beide Bücher erscheinen jährlich neu.
Schlagen Sie auch in Sachbüchern nach!

Rechtschreibung

Fremdsprachige Substantive werden im deutschen Text groß geschrieben, wenn sie nicht **in Klammern** oder **zwischen Anführungszeichen** stehen oder **kursiv** gedruckt sind:
Das ist ihm eine Terra incognita.
Der „sitting room“ der Engländer ist unser Wohnzimmer.

Bei fremdsprachigen Substantiven wird das Genitiv-s häufig weggelassen:
die Möblierung des Oval Office
eine Mitteilung des Census Bureau (Duden Bd. 9: 264)

Übungen

Übung 1

Zur Übung einen Abschnitt aus dem Roman *Love Story* von Erich Segal.[1] Der Roman beginnt damit, daß sich der Held ein Buch aus der Bibliothek ausleihen möchte:

There were two girls working there. One a tall tennis-anyone type, the other a *bespectacled mouse type*. I opted for *Minnie Four-Eyes*.
"Do you have *The Waning of the Middle Ages*?"
She shot a glance at me.
"Do you have your own library?" she asked.
"Listen, *Harvard* is allowed to use the *Radcliffe* library."
"I'm not talking legality, *Preppie*, I'm talking ethics. You guys have five million books. We have a few lousy thousand."
Christ, a superior-being type ...
"Listen, I need that goddam book."
"Wouldja please watch your profanity, *Preppie*?"
"What makes you so sure I went to *prep school*?"
"You look stupid and rich," she said, removing her glasses.

– Versuchen Sie zunächst einmal selbst, den Text zu übersetzen. Überlegen Sie, welche der aufgeführten Möglichkeiten jeweils die beste ist; und vergessen Sie nicht, daß es sich um einen Roman handelt, der sich flüssig lesen lassen muß.

[1] Erich Segal, *Love Story* (New York 1970), S. 2–3.

– Wie haben Sie die Schwierigkeiten gelöst, und wie hat Isabella Nadolny, die Übersetzerin des Romans, sie gelöst?[1]

Dort arbeiteten zwei Mädchen. Eine große, von der Sorte, die mit jedem sofort Tennis spielen will, und die andere *vom Typ Brillenschlange*. Ich entschied mich für die *Brillenschlange*.
„Haben Sie vielleicht den *Herbst des Mittelalters*?"
Sie warf mir von unten her einen Blick zu.
„Habt ihr nicht eure eigene Bibliothek?" fragte sie.
„Hören Sie, *Harvard* darf die Bibliothek von *Radcliffe* mitbenutzen!"
„Ich spreche nicht über die Rechtslage, Sie *Preppie*, *Sie Internatspinkel*, sondern über die moralische! Ihr Kerle habt fünf Millionen Bände, und wir haben armselige paar tausend!"
Ach du liebes Christkindchen! ....
„Hören Sie, ich brauche das verdammte Buch!"
„Hier wird nicht geflucht, *Preppie*!"
„Wie kommen Sie auf die Idee, daß ich im *Internat* war?"
„Sie sehen so aus, als seien Sie reich, aber dämlich", sagte sie und nahm die Brille ab.

bespectacled mouse type	Brillenschlange
Minnie Four-Eyes	Brillenschlange

Da hat es sich die Übersetzerin etwas einfach gemacht, *Four-Eyes* kann natürlich „Brillenschlange" heißen, bedeutet oft auch einfach „potthäßlich". Der ganze Ausdruck könnte allerdings ein Wortspiel zu Minnehaha sein, der indianischen Prinzessin aus dem Gedicht „Hiawatha" von Longfellow, oder sich auf das Wort „mouse" beziehen und somit auf Minnie Mouse (Minnie Maus), auf die Freundin von Mickey Mouse (Micky Maus), anspielen. Aber dies im Deutschen deutlich zu machen, ist wirklich nicht notwendig.

Möglichkeit Nr. 2: bebrillte Bohnenstange – Brillenschlange
Minnie Maus mit Brille – bebrilltes Mäuschen/Brillenmaus

The Waning of the Middle Ages	Herbst des Mittelalters

Hier handelt es sich um den Klassiker des niederländischen Autors Huizinga, dessen Titel auf Deutsch „Herbst des Mittelalters" lautet. Wenn eine deutsche Übersetzung eines Buches bereits existiert, dann müssen Sie – so wie es die Übersetzerin hier getan hat – den entsprechenden deutschen Buchtitel nehmen, z.B. aus dem Katalog einer Buchhandlung. (Mögl. 2)

Harvard	Harvard
Radcliffe	Radcliffe

Es wäre an dieser Stelle äußerst schwerfällig und auch unnötig, die beiden Begriffe näher zu erklären. Harvard ist noch vor Princeton die Eliteuniversität in den USA.

[1] Erich Segal, *Love Story* (München 1990; Copyright © 1970 by Erich Segal), S. 8–9.

Radcliffe College, die Eliteuniversität für Frauen, wurde 1977 der bis dahin reinen Männeruniversität Harvard angeschlossen.

Preppie — Sie Preppie, Sie Internatspinkel, ...

Die Übersetzerin erklärt den Begriff das erste Mal geschickt in einer Apposition und benutzt von da an einfach den Originalausdruck „Preppie“.
(Mögl. 5)

prep school — Internat
(Mögl. 2)

Preppie ist ein umgangssprachlicher Ausdruck für jemanden, der eine *preparatory school* (*prep school*) besucht oder besucht hat. Eine *preparatory school* ist in den USA eine teure Privatschule, die auf die Universität vorbereitet.
Preppie steht hier einfach als Bezeichnung für einen konservativen jungen Mann, der weniger wegen seiner eigenen Leistungen als seiner reichen Eltern wegen in Harvard ist.

Die Übersetzerin hat meist die Möglichkeit 2 gewählt, die Unika ins Deutsche übersetzt. Dadurch liest sich der Text sehr glatt.

Nicht nur bilingual, sondern auch bikulturell müßte man sein!

Übung 2

"steak and kidney pie" – Steak mit Nierenpastete?

Übersetzen Sie für eine seriöse Tageszeitung

1. als Kommentar
Landslide victories in the *Super Tuesday primary elections* enabled both *President* Bush and *Governor* Bill Clinton to establish commanding leads in the race to clinch *White House* nomination.

2. als Nachricht
The Irisch *Supreme Court* yesterday lifted the ban preventing a raped schoolgirl from travelling to Britain for an abortion.

3. als Reportage
Mr Driscoll is a teacher of economics at a *high school* near Washington. (in the U.S.A.)

4. als Kommentar
The National Opposition Union (NOU) realized last year that to challenge Ortega it needed star quality on its presidential ticket. (Nicaragua 1990)

5. als Kommentar
The new *Health Secretary*, Mrs Virginia Bottomley, set herself an ambitious target yesterday – to "take the politics" out of the *National Health Service*.

6. für das Feuilleton als Bericht
Although the society around it has been torn asunder over the last decade, *Queen's University*, Belfast, has survived relatively unscathed.

7. für den Reiseteil als Reportage
America is a dream for travellers looking for value-for-money accommodation. Forget *bed and breakfast* as a cheap alternative.

8. und zum Schluß den Fortsetzungsroman!
He stole away to a *pub* and indulged in the delights of *steak and kidney pie*.

Informationsteil
Stilebene

Ausdrucksmängel! schief! unpassend! nicht deutsch! Stil! unschön!

Sicher haben auch Sie schon diese Art von Kommentar am Rand Ihrer korrigierten Arbeit vorgefunden oder sich über Unterringelungen im Text gewundert und dies vielleicht resigniert hingenommen.
Was versucht der Korrigierende Ihnen damit zu vermitteln?

Ihre Übersetzung könnte zum Beispiel enthalten:

a. einen Grammatikfehler
„*Von* der Ferne ..."
b. eine falsche Kollokation
„Der Lebensstandard *wächst* ..."
c. einen wertenden statt eines sachlichen Ausdrucks
„Die Firmen *locken* mit Billigangeboten ..." statt „... *werben* ..."

oder

d. Sie haben nicht die **richtige Stilebene** getroffen, nicht das **treffende Wort** gewählt.

1. Welche Stilebenen gibt es?

In den verschiedenen Wörterbüchern und Stillehren werden unterschiedlich viele Stilebenen oder Stilschichten festgelegt und auch die Bezeichnungen variieren. Als einfache Einteilung genügt die Unterscheidung nach 4 Stilebenen:

- gehoben
- schriftsprachlich
- umgangssprachlich
- vulgär

gehoben

Eine gewählte, nicht alltägliche Ausdrucksweise, bewußt gestaltet auf hohem Sprachniveau – über diese Ebene wird oft noch „dichterisch" eingeordnet.
➜➜ Text 5 „Splendour", S. 36

schriftsprachlich (hochsprachlich, normalsprachlich, bildungssprachlich)

Die sprachliche Mittellage des Sprachgebrauchs; auf dieser Ebene sind viele Sprachbereiche und Textsorten einzuordnen, z.B. „Amtsdeutsch, Papierdeutsch, Fachsprache; Leitartikel, Gebrauchsanweisung etc.".
➜➜ Text 3 „New York City", S. 20

umgangssprachlich

Ungezwungene, gefühlsbetonte, oft salopppe Ausdrucksweise; auf dieser Ebene sind „Sondersprache" und „Jargon" einzuordnen.
➜➜ Text 7 „Television and Theater", Z. 4/5 wörtliche Rede, S. 52

vulgär (derb)

Ungepflegte, grobe Ausdrucksweise, die Wörter und Wendungen verwendet, die einem gewissen Tabu unterliegen.

Beispiel:
Antlitz – Gesicht – Visage – Fresse
Roß – Pferd – Gaul – Klepper

So einfach wie hier nur zur Veranschaulichung dargestellt, kann man natürlich die Worte nicht einordnen. Es ergeben sich u.a. auch semantische, sprachgeographische oder sprachhistorische Unterschiede, vor allem kommt es auch auf den Kontext an.[1]

Die meisten Texte, mit denen der Übersetzer sich befaßt, werden der Stilebene „schriftsprachlich“ zugeordnet. So gehören auch unsere Texte hauptsächlich dieser Stilebene und der gehobenen Stilebene an, zumal bei Prüfungen ausschließlich Texte dieser beiden Stilebenen verwendet werden. Von der einzelnen Stilebene muß dann auf horizontaler Ebene weiter differenziert werden, z.B. in Fachsprache oder Gemeinsprache, sachlich oder wertend, modern oder altmodisch, anschaulich oder nüchtern.

2. Wie finde ich das treffende Wort?

Ausgehend von einem Gesamttext, den wir ganz oder abschnittsweise einer bestimmten Stilebene zuordnen können, kommen wir zu einzelnen Wendungen und schließlich zum Einzelwort.

Bei der Entscheidung zwischen mehreren Möglichkeiten gibt die Stilebene den Ausschlag:

Beispiel 1

Der Text 5 „Splendour“, S. 36, läßt sich der Stilebene „gehoben“ zuordnen. Demnach sind folgende Einzelentscheidungen zu treffen:

... the face of the earth may be seen much as it was before the coming of man.
Die Oberfläche der Erde,
das Aussehen der Erde,
der Zustand der Erde oder
das Antlitz der Erde?

Unter Berücksichtigung der Stilebene ist „Antlitz der Erde“ hier die beste Lösung.

a pile of rocks – ein Haufen Steine oder aufeinandergetürmte Felsbrocken?

Natürlich das letztere.

Beispiel 2

Beim Text 3 „New York City“, S. 20, handelt es sich um eine „schriftsprachliche“ Nachricht, das Kriterium einer sachlichen, informativen Sprache bestimmt hier unsere Einzelentscheidung:

... non-Hispanic whites ... are no longer a majority...
Weiße nichthispanischer Herkunft stellen / verfügen / bilden / sein / haben ...?

Im Deutschen werden in solchen Texten leicht fachsprachliche, d.h. auch dem Laien verständliche Ausdrücke verwendet, das belegt auch der Modelltext.
Daher haben wir uns für das Wort *stellen* entschieden.
Bilden, verfügen liegen auf derselben Stilebene und sind auch möglich.
Verben wie *haben* oder *sein* sind wenig aussagekräftig und gehören eher schon zur Stilebene „Umgangssprache“; sie sind natürlich auch „möglich“, aber nicht das „treffende Wort“.
➔➔ Teil II „Kollokation“, Übung 2, S. 134

Vergleichen Sie *are* im englischen Text. Im Englischen ist ein solches Verb auch auf der Stilebene „Schriftsprache“ durchaus möglich und üblich.

Dem entspricht *say* Z. 21 im selben Text, das sogar noch zweimal wiederholt wird Z. 26 und Z. 31.
Vergleichen Sie auch die Anmerkungen zu den Wiederholungen in Text 6 „Present Yourself“, S. 45 und S. 47, oder den Gebrauch von *make* in Text 8 „Upheaval“ und dazu die Anmerkung S. 65.

In einem deutschen Text wäre dies **„schlechter Stil“**, und Sie würden das berühmte **„A!“** am Rand Ihrer Übersetzung finden.

[1] Die Einteilung und Beschreibung der Stilebenen in Anlehnung an:
Sanders: 183 ff. und
Duden, *Stilwörterbuch der deutschen Sprache XI*

Übungen

Die eingedöste Prinzessin – Testen Sie Ihr Stilgefühl!

Übung 1

Bei jedem der folgenden Sätze hat sich der Übersetzer im Stil vergriffen – Sie finden sicher den Fehler und können ihn beheben:

1. Die Prinzessin war auf dem seidenen Bette eingedöst.
2. Die Behausung der gräflichen Familie war damals Schloß Werneck.
3. Wir bitten Sie, für die Dienstleistung DM 100 zu berappen.
4. Die ausgehungerten Soldaten nahmen das Gulasch zu sich, als ob es sich um ihre letzte warme Mahlzeit handelte.
5. Der Wilderer verschied unter schrecklichen Umständen.
6. Das Genick des Mädchens war von anrührender Zerbrechlichkeit.

Übung 2

Bei einem Vorstellungstermin in einem Verlag wird Ihr Stilgefühl mit folgendem Text getestet:

Mathilde hatte sich neue Klamotten zugelegt. Stolz produzierte sie sich damit vor ihrem Mann, Direktor K., der sie abschätzig musterte. Das Kleid mißfiel ihm, er fand, es sei ein Fummel. Sie bilde sich offensichtlich ein, daß sie derlei noch immer tragen könne. Er erlaube ihr nicht, das Kleid am Abend zur Fete beim Botschafter zu tragen.
Er schimpfte, weil sie offensichtlich noch immer nicht kapiert habe, wie man sich richtig anziehe, wenn man bei solchen Leuten eingeladen sei. Überhaupt solle sie mehr auf ihre Figur achten und nicht immer bei Einladungen so viel verdrücken. Sie gehe sowieso schon ganz schön auseinander. Er müsse sich mit ihr förmlich genieren, wenigstens heute abend solle sie ihn nicht wieder blamieren und sich zusammenreißen. Mathilde wurde schmerzlich bewußt, auf welchen Macho sie sich da eingelassen hatte.

20 Stellen, so meint man, seien „unpassend" für das dargestellte Milieu.
Verbessern Sie die Stellen, an denen Ihnen ein **gehobenerer Ausdruck** angebracht erscheint.

Bedenken Sie: Eine nur schriftsprachliche Lösung genügt nicht!

Übung 3

Ein englischer Artikel über Dublin soll von Ihnen übersetzt werden. Allerdings sollen Sie drei verschiedene Versionen abliefern, der Text soll erscheinen in:

1. einer **offiziellen Informationsbroschüre** der Stadt, also Informationsstil: schriftsprachlich, sachlich
2. einem **anspruchsvollen Kunst-Reiseführer**, also gehobene Stilebene, anschauliche Ausdrucksweise (Diese Version entspricht dem englischen Text)
3. einem **alternativen Reiseführer**, also umgangssprachlich, salopp formuliert

Beweisen Sie jetzt Ihre stilistische Flexibilität!

Dublin itself is well worth exploring, but two essential ingredients of any visit to Dublin are its theatre and its music. Since Dublin is in every sense the heart of Ireland and since Ireland, to paraphrase the Scriptures, does not live by bread alone, but by song, dance, and drama, it would be unthinkable to stay even briefly on the banks of the Liffey without including a visit to the Abbey Theatre.

Wenn zwei einfach nicht zusammenpassen ...

The new diversity is likely to have large economic consequences for the city.
➔➔ Text 3 „New York City“, S. 20, Z. 23/24

Wenn man das englische Adjektiv „large“ allein betrachtet, dann ist es mit den deutschen Adjektiven „groß, umfassend, ausgedehnt, tiefgreifend und weitreichend“ richtig übersetzt. Aber natürlich steht das Wort hier nicht allein, sondern im Kontext. Hier muß es zu *consequences* (Folgen) „passen“. Im Sprachgebrauch üblich sind weitreichende Folgen und tiefgreifende Folgen, unüblich sind dagegen große Folgen, umfassende Folgen und ausgedehnte Folgen.
In diesem Beispiel müssen ein Adjektiv und ein Substantiv „zusammenpassen“, genauso gilt dies aber für andere Wortverbindungen wie Substantiv-Verb oder Verb-Adverb.

In der Linguistik wird der Terminus **Kollokation** gebraucht, um „charakteristische, häufig auftretende Wortverbindungen, deren Miteinandervorkommen auf einer gegenseitigen Erwartbarkeit beruht, also primär semantisch (nicht grammatisch) begründet ist“ (Bußmann: 391), zu bezeichnen.

Übersetzt ein Übersetzer also „umfassende Folgen“, so hat er die **Kollokation** nicht beachtet, „umfassend“ und „Folgen“ **kollokieren** nicht.

Bei der Übersetzung **ins Englische** ist dieses Problem wohl jedem Übersetzer bewußt; und die Lexika tragen diesem Umstand Rechnung, indem sie den Gebrauch des nachgeschlagenen Wortes in verschiedenen Verbindungen angeben.

Beim Übersetzen **in die Muttersprache** besteht im **fachsprachlichen** Bereich ebenso ein Bewußtsein dafür, daß z.B. bestimmte Substantive bestimmte Verben verlangen: ein Rechtsmittel einlegen, eine Baustelle begehen, Daten (in den Computer) eingeben.

Im **allgemeinsprachlichen** Bereich jedoch nehmen viele irrtümlicherweise an, daß sie diese muttersprachlichen Kollokationen beherrschen. Die Leserin aber wundert sich dann zum Beispiel über Sekten, die wegen der *zerschmetterten* Hoffnungen (*shattered hopes*) der Jugend auch weiterhin *wachsen* (*continue to grow*) und darüber, daß die Frauen *angestrengt* versuchen (*try hard*) den Streß zu *mindern* (*relieve stress*). Sie wird sich über den Sinn des Textes Gedanken machen, dabei liegt es einzig und allein an der verbesserungsbedürftigen muttersprachlichen Kompetenz des Übersetzers.

Eine Fehlerquelle für diese falschen Kollokationen ergibt sich im Deutschen auch aus der **Prädikatsklammer**.
➔➔ Teil II „deutscher Satzbau“, S. 102

Das Verb steht in einem längeren Satzgefüge sehr weit entfernt von dem Substantiv, zu dem es gehört, und „klingt“ deshalb nicht so falsch, als wenn es dem Substantiv direkt folgen würde.

Zum Nachschlagen eignen sich deutsche Wörterbücher wie:
Wahrig, *Deutsches Wörterbuch*
Duden, *Das Stilwörterbuch*

Übungen

Die Qual der Wahl

Übung 1

multiple choice:
Bewerten Sie die Vorschläge mit gut (+)
möglich (o)
nicht möglich (–)
Es gibt auch Mehrfachlösungen!

U.S. lagging in infant mortality fight

A *recent* study calls for spending about $500 million a year more *to reduce* the infant mortality rate in the United States, now higher than in 19 other countries.
The report, which reminds President George Bush of his campaign promise to "invest in our children" *says* that unacceptable racial disparities and geographic inequities are still *evident*, and progress in reducing the rate of infant mortality has slowed *significantly* .....

Hinterherhinken ☐ **der USA im Kampf gegen Säuglingssterblichkeit**
Nachlassen ☐
Zurückfallen ☐
USA im Hintertreffen ☐
Rückstand ☐
Rückständigkeit ☐
Eine kürzlich erstellte ☐
aufgestellte ☐
durchgeführte ☐
veröffentlichte ☐
herausgegebene neuere ☐
aktuelle ☐ **Untersuchung erhebt die Forderung nach 500 Mio. $ zur** Reduzierung ☐
Verringerung ☐
Herabsetzung ☐
Senkung ☐
Verminderung ☐ **der zur Zeit höher als in 19 anderen Ländern liegenden Säuglingssterblichkeitsrate in den USA.**

Der Präsident Bush an sein Wahlversprechen „Wir investieren in unsere Kinder" erinnernde Bericht zeigt ☐
sagt ☐
meint ☐
bringt zum Ausdruck ☐ , **daß immer noch unannehmbare Unterschiede zwischen den ethnischen Gruppen und regionale Ungleichheiten** in Erscheinung treten ☐
deutlich zu bemerken sind ☐
klar nachzuweisen sind ☐
vorherrschen ☐
klar ersichtlich sind ☐ **und daß die bei der** (Verringerung?) **der Säuglingssterblichkeitsrate erzielten Fortschritte** deutlich ☐
merklich ☐
bedeutsam ☐
wesentlich ☐ **geringer geworden sind.**

Übung 2

Erinnern Sie sich noch an Text 3 „New York City"? Versuchen Sie einmal den folgenden Lückentext auszufüllen, ohne nachzuschlagen.
Möglichst keine Wiederholungen!

Zum ersten Mal in der Geschichte der Stadt ________________ die Weißen nicht mehr die absolute Bevölkerungsmehrheit. Ihre Zahl ________ in den letzten 10 Jahren ________ 500.000 ________ 3,16 Mio. ________________ . Gründe für den ________________ der weißen Bevölkerung sind die ________________ Geburten________________ bei den Weißen und die ________________ in weniger gefährliche Vororte.

Vor allem ist die Entwickung aber auf das starke ________________ der hispanischen Bevölkerung ________________ , die mittlerweile 24,4% der New Yorker ________________ . In den vergangenen 10 Jahren wurde für diese Bevölkerungs________________ ein ________________ von 380.000 auf 1,78 Mio. Menschen ________________ .

(nach dem deutschen Modelltext „Weniger Weiße in New York", S. 21)

Haben Sie es geschafft? Wenn Sie Zweifel haben, dann schlagen Sie doch noch einmal nach!

Vielleicht haben Sie bei der ersten Lücke gezögert – welches Wort ist hier gut, welches möglich?
Bilden, besitzen, stellen, haben, sein, gewinnen, erobern, verfügen über?
„Besitzen, konnten erobern, konnten gewinnen“ kollokieren nicht mit Bevölkerungsmehrheit, sondern z.B. mit „Mehrheit im Parlament“, die restlichen Verben kollokieren mit Bevölkerungsmehrheit. Sie unterscheiden sich aber in stilistischer Hinsicht:

verfügen über – schriftsprachlich
bilden – schriftsprachlich
stellen – fachsprachlich
haben – umgangssprachlich, wenig aussagekräftig
sein – dto.

➔➔ auch Teil II „Stilebene“, Beispiel 2, S. 129

Informationsteil
Denotation – Konnotation

A great guy
ein irrer Typ – ein toller Hecht – ein Pfundskerl

Welche der drei deutschen Wendungen am besten paßt, läßt sich ohne Kontext nicht entscheiden. Als Übersetzung sind grundsätzlich alle drei Lösungen möglich, sie unterscheiden sich aber in ihren **Konnotationen**.

Denotative Bedeutung von *guy* – umgangssprachlich Bezeichnung für einen erwachsenen Mann, vor allem im amerikanischen Englisch. „Typ, (toller) Hecht und Kerl“ liegen auf der gleichen Stilebene „Umgangssprache“, sind aber dennoch keine Synonyme, sondern unterscheiden sich durch andere Aspekte:

ein irrer Typ – Jugendjargon, modern
ein toller Hecht – altmodisch
ein Pfundskerl – regional, Dialekt

Es ließen sich noch weitere differenzierende Aspekte finden.

! Es ist aber unmöglich, die verschiedenen Konnotationen vollständig aufzulisten, da sie subjektiv bedingt und kontextabhängig sind.

Welche Konnotationen hat „ein toller Hecht“ für Sie?

„Der Ministerpräsident schweigt, hüllt sich in Schweigen, verweigert eine Antwort, bleibt eine Antwort schuldig, antwortet nicht.“

Bei jedem Verb schwingt eine andere Bedeutung, Vermutung mit, wird etwas anderes kon-notiert, mitbezeichnet, die Verben haben verschiedene Konnotationen.

Konnotation

Individuelle (emotionale) stilistische, regionale u.a. Bedeutungskomponente(n) eines sprachlichen Ausdrucks, die seine Grundbedeutung überlagern ... (Bußmann: 410)

Denotation

bezeichnet die kontext- und situationsunabhängige, konstante begriffliche Grundbedeutung eines sprachlichen Ausdrucks ...
so läßt sich die Denotation von Nacht mit >Zeitraum vom Untergang der Sonne bis zum nächsten Aufgang< beschreiben, während die Konnotation solche Komponenten wie >unheimlich<, >einsam<, oder auch >romantisch< enthalten kann.
(Bußmann: 166)

Oder:

Ein Wort kann außer seiner rein inhaltlichen (denotativen) Bedeutung noch weitere Bedeutungen (Konnotationen) haben.

Durch die Wahl eines Wortes kann ich:
- aufwerten
- abwerten
- beschwichtigen
- ironisieren
- emotionalisieren
- polemisieren
- anschaulich machen
- in eine Stilebene einordnen
- in eine Zeitebene einordnen
- und vieles andere mehr!

Oder aber einen Sachverhalt
- trocken, nüchtern, neutral wiedergeben.

Zwei Unterscheidungen beschäftigen uns besonders:

1. sachlich (rein denotative Bedeutung) – wertend
2. sachlich – anschaulich

Beispiel zu 1.

In Text 10 „My Father", S. 79, werden die Eigenschaften „des Vaters" sachlich und neutral dargestellt, der Autor selbst enthält sich ausdrücklich einer Bewertung dieser Eigenschaften (Z. 15–17).

My father was a very intelligent and able man, with a force of character which enabled him to have his own way in most things on which his mind was set. (Z. 1/2) – Mein Vater war ein höchst intelligenter und fähiger Mann mit einer Willenskraft, die es ihm ermöglichte, sich bei fast allem durchzusetzen,
was er unbedingt erreichen wollte,
was er sich vornahm,
was er sich in den Kopf setzte,
worauf er sich versteifte.

to set one's mind on s.th ist ein **starker** Ausdruck, aber er ist **neutral, nicht wertend**;
„sich auf etwas versteifen" dagegen ist eindeutig **negativ wertend,**
„die er sich vornahm" ist **zu schwach,**
„die er sich in den Kopf setzte" entspricht der englischen Wendung, ist aber **stilistisch** durch die Wiederholung von „setzte" **unschön;**
beste Lösung: „die er unbedingt erreichen wollte" – **ein starker, aber ebenfalls neutraler Ausdruck.**

Beispiel zu 2.

Typisches Merkmal von ästhetisch-kreativen Texten ist die **anschauliche** Sprache, die bei der Übersetzung natürlich nicht verlorengehen darf. Bei folgendem Beispiel kommt als weiteres Merkmal die gehobene Stilebene dazu.

Unframed by rivers or hills or the natural outcroppings of mountains, surrounded by a countryside seemingly devoid of large towns, Detroit appeared to be a reality too large for its purposes. – Weder von Flüssen, noch von Hügeln oder den natürlichen Ausläufern des Gebirges *umrahmt* und inmitten einer Landschaft, die anscheinend jeglicher Großstadt *entbehrte*, stellte Detroit eine Wirklichkeit dar, die für ihren eigentlichen Zweck zu groß geraten schien.

„umrahmen" ist anschaulich – „begrenzen" sachlich, „einer Sache entbehren" anschaulich, gehoben – „nicht vorhanden sein" sachlich, schriftsprachlich.

Und wie übersetzen Sie *the leader of the party*?

Der Führer der Partei? – bitte nicht! Denken Sie an die Konnotationen! Viel besser ist „der Parteivorsitzende".

> *„Wer in unserer Zeit statt Volk Bevölkerung und statt Boden Landbesitz sagt, unterstützt schon viele Lügen nicht ..."*
>
> Bertolt Brecht

Übungen

sachlich nicht wertend

Übung 1

Wie werden „schöne“ Männer und Frauen von ihren Mitmenschen eingeschätzt und welche Auswirkungen hat dies? Ein wissenschaftlicher Artikel faßt die Ergebnisse verschiedener Untersuchungen zusammen.

Formulieren Sie die folgenden Sätze um, so daß sie dem Kriterium „sachliche Sprache“ entsprechen.

Attraktive Personen werden mit *Vorschußlorbeeren bedacht*.

Auch bei der *Jobsuche winkt ihnen öfters das Glück*.

Sie *schnappen* anderen Bewerbern die Arbeitsstelle *weg*.

Sie *kommen* vor Gericht mit einem milderen Urteil *davon*.

Man *dichtet* ihnen viele *„Schokoladenseiten“ an*.

Sie *erfreuen sich* eines größeren Bekanntenkreises.

anschaulich nicht sachlich

Übung 2

Im Reiseteil der Zeitung schwärmt ein Artikel davon, wie schön die Costa Brava vor dem Beginn der Sommersaison ist.

Formulieren Sie die folgenden Sätze entsprechend lebendig und anschaulich um.

Der Tramontana, der Küstenwind der Costa Brava, *bestimmte* gestern noch *das Wetter* in diesem bekannten Ferien*gebiet*.

Heute hat sich *der starke Wind gelegt*, und *es gibt vereinzelte Aufheiterungen*.

In dem *kleinen Küstenort sind* auf einmal *viele Bewohner* auf der Straße *zu sehen*.

Der Winter scheint für sie vorbei zu sein.

Heute ist Markttag. Die *ungeteerten*, schmalen *Straßen sind voll von* spanischen Hausfrauen.

Am nächsten Tag *ist niemand mehr* auf den Straßen des Ortes *anzutreffen*, denn nachts hatte es wieder geregnet.

Übung 3

inhabitants, residents, citizens, people, country, state, nation, crowd, multitude, masses, populace, mob, rabble können je nach Kontext mit *Bevölkerung, Einwohner, Bürger, Volk, Land, Staat, Nation, Menge, Masse, Pöbel, Mob, Plebs, Gesindel* übersetzt werden.

Versuchen Sie, sich über die Bedeutung und die Verwendung der deutschen Begriffe klarer zu werden, indem Sie folgende Fragen beantworten:

a. Können Sie die Begriffe in drei sinngemäß zusammengehörende Wortfelder ordnen?
b. Läßt sich jeweils eine gemeinsame denotative Bedeutung formulieren?
c. Welche Begriffe sind neutral?
d. Welche Begriffe sind pejorativ (abwertend)?
e. Welche Begriffe erhalten erst im Kontext negativ oder positiv wertende Konnotationen?
f. Welche anderen Konnotationen können Sie nennen?

Anhang

AB 1 „while“

1. *Zwar* hat der Streik als Waffe im Arbeitskampf keineswegs ausgedient, *dennoch* ist es unwahrscheinlich, daß er mit derselben Häufigkeit wie in den 70er Jahren eingesetzt wird. (Obwohl der ....., ist es dennoch .....)

2. Die nukleare Bedrohung ist *zwar* nicht mehr so unmittelbar, *aber* alles andere als endgültig vorbei.

3. Mozart wurde *zwar* von Musikkennern schon immer hochgeschätzt, das ganze Ausmaß seiner Genialität wird aber *doch* erst jetzt anerkannt. (Obwohl ...../ Wenn auch .....)

4. *Während* die Politiker die Hände ringen und sich wegen der Verfassung den Kopf zerbrechen, sind andere zum Handeln bereit.

5. *Wenn* es in dieser Landschaft *auch* durchaus noch Großartiges zu sehen gibt, wird sie *doch* häufig durch Abwasser speiende Fabriken verunstaltet.

6. Die Polizei behauptet *zwar*, daß nicht Fremdenhaß die Ursache der Übergriffe sei, *aber* das überzeugt viele Besucher nicht.

7. Die Studenten übersetzen meist Wort für Wort, verirren sich hoffnungslos im Irrgarten der Syntax, haben aber, obwohl sie das viele Rot, das ihre korrigierte Hausaufgabe ziert, gar nicht wundert, keine Abhilfe parat.

8. Die Grenzen zwischen den einzelnen Ländern werden auf dem europäischen Kontinent in Zukunft *zwar* immer mehr abgebaut, in Großbritannien *indes* wird man die Grenzkontrollen für Einreisende strikt beibehalten. (Während die ....., wird man .....)

AB 2 „Hendiadyoin“

1. Die *r*omantischen Burgruinen/*R*uinen der Festungen entlang dem *R*hein *regen* die Phantasie *aufs lebhafteste an*.
(Beachten Sie die Alliteration: *romantic-ruins-ramparts-Rhine. Teutonic* hat im Englischen oft eine abwertende Bedeutung, im Deutschen paßt teutonisch oder germanisch schon allein inhaltlich nicht, die Burgen stammen aus dem Mittelalter. Deshalb ist es am besten, *teutonic* einfach wegzulassen.)
Textsorte: anschaulicher Reisebericht

2. Hitlers *geifernde Haßtiraden* wirkten wie schwarze Magie auf seine Zuhörer, so schrecklich beschwörend, daß sie aus dem Stadium hinausströmten, um die Welt zu erobern.
Zur „enough + Infinitivkonstruktion“ →→ AB 9 „Infinitiv“, S. 47
Textsorte: Kommentar

3. So viele seit langem als Speichellecker/Opportunisten/Trittbrettfahrer bekannte sogenannte Journalisten folgten nun lediglich neuen *Richtlinien*.
Textsorte: Kommentar

4. In den USA hatte das „Fin de Siecle“ ein ganz anderes *Flair*. ..... war *die Atmosphäre* um die Jahrhundertwende ganz anders.
Textsorte: Kommentar

5. *Dialogue* ist eine vierteljährlich erscheinende Zeitschrift mit bedeutenden *Beiträgen* zu gesellschaftlichen, politischen, wirtschaftlichen und kulturellen Themen in den USA.
Textsorte: Sachtext

6. Als eines von acht Kindern aus einer armen schwarzen Familie in Kansas City hatte er sich seinen Weg nach oben *hart/mühselig erkämpft*.
Textsorte: Biographie

7. Zum *Leidwesen/Ärgernis* der deutschen Filmindustrie – *und zu ihrer Schande* – bietet das Fernsehen der Öffentlichkeit ganz einfach die beste Unterhaltung.
Textsorte: Kommentar

8. Es ist erstaunlich, wie viele Fernsehstars sich wieder den *harten Anforderungen* der Bühne stellen.
Textsorte: Kommentar

AB 3 „social"

1. Die Landwirtschaft und die Gesundheit sind Themen von großer Bedeutung für die Gesellschaft und von immenser politischer Brisanz.

2. Der Mensch ist ein soziales Wesen / ein Herdentier. (Vorsicht – nicht: ein geselliges Wesen!)

3. Eliteschulen errichten Klassenschranken.
(Eliteschulen – nicht Privatschulen, da in Deutschland nicht alle Privatschulen Eliteschulen sind.)

4. Nur der Naive könnte dies abtun als bloßen Nebeneffekt der seit den 60er Jahren herrschenden toleranten/freizügigen Einstellung in unserer Gesellschaft.

5. Im Zuge der sich verändernden .../Da sich die gesellschaftlichen Sitten und Gebräuche verändert haben und sich ganz einfach wirtschaftliche Zwänge ergeben, verwirft eine zunehmende Anzahl von Männern die Vorstellung, daß der Vater eine Randfigur/der nur an der Peripherie existierende Elternteil sei.

6. Sicherlich ist die Familie mit gerechter Arbeitsteilung/in der die Aufgaben von beiden Ehepartnern zu gleichen Teilen erledigt werden, noch ungewöhnlich/die Ausnahme, und dies wird sowohl aus gesellschaftlichen wie auch aus individuellen Gründen/sowohl wegen gesellschaftlicher Kräfte als auch wegen der Einstellung des einzelnen noch jahrelang so bleiben.

7. Die Triebfeder Brandts war ein starkes Verantwortungsgefühl für die Gesellschaft, das seine in den frühen Jahren im Kampf gegen Hitler geprägte Überzeugung bekräftigte, daß Deutschland seine Schuld begleichen müsse, indem es zum Frieden beitrage.
(Ein „soziales Gewissen" gibt es natürlich auch im Deutschen, entspricht aber hier nicht dem Sinn des Satzes.)

8. Es ist deprimierend, daß schwarze Teenager zum Teil nur dann von Gleichaltrigen/innerhalb ihrer Gruppe anerkannt werden, wenn sie in der Schule schlecht sind/schlechte Leistungen zeigen. (Zu *should* →→ Text 10 „My Father", S. 85)

AB 4 „race – racial – ethnic"

1. Dies ist der neueste Versuch, die Schule die zunehmenden ethnischen und kulturellen Unterschiede im Land in größerem Maße widerspiegeln zu lassen.

2. Der schmerzlich langsame/mühsame Aufstieg Taylors ins Parlament zeigt deutlich, daß in England die Zugehörigkeit zu einer bestimmten Gesellschaftsschicht immer noch sehr viel mehr zählt als die Hautfarbe.

3. Mit steigender Anzahl (Da ihre Zahl ...) verlangen die Einwanderer aus den lateinamerikanischen Ländern/die hispanischen Einwanderer nun auch nachdrücklich im wirtschaftlichen wie im politischen Leben ein größeres Stück vom Kuchen.

4. Die Großstädte in Amerika haben das Problem einer hauptsächlich aus Schwarzen und der hispanischen Minderheit bestehenden Unterschicht, die sowohl räumlich/geographisch als auch gesellschaftlich von der Arbeitswelt der Mehrheit der Amerikaner abgeschnitten ist.

5. Die Bürger von Georgien, einer der kleinsten ehemaligen Sowjetrepubliken, sehen sich in ihrem Streben nach Demokratie/bei dem Versuch, eine Demokratie unter ihrer eigenen Fahne herbeizuführen, blutigen ethnischen Auseinandersetzungen/Nationalitätenkonflikten und politischen Wirren ausgesetzt. (*in* – sowohl kausal, als auch modal, im Deutschen wird dies am besten durch „bei " ausgedrückt. Stärker als das Original, im Deutschen aber flüssiger wäre: beim Kampf um.../ durch das Herbeiführen ...)

6. Ein gemeiner, organisierter Angriff des Mobs auf ein Asylbewerberheim zeigt die zunehmende Ausländerfeindlichkeit/ Fremdenhaß in Deutschland. (Da es in der BRD keine „Einwanderer" gibt, müssen die Asylbewerber gemeint sein!)

7. Kein anderes Land in der Welt weist eine größere Vielfalt an Menschen verschiedenster Hautfarbe, Nationalität und ethnischer Zugehörigkeit auf als die USA.

8. Das Stigma, weiß und männlich zu sein, scheint sich um so mehr zu verfestigen, je mehr Schwarze, hispanische Bevölkerungsgruppen und andere Minderheiten, ganz zu schweigen von den Frauen, die Forderung nach einem größeren Mitspracherecht am Arbeitsplatz und in anderen Bereichen stellen und auch durchsetzen können.

➔➔ AB 5 „as", S. 26

AB 5 „as"

Im Deutschen muß der Aspekt der Gleichzeitigkeit und gegenseitigen Abhängigkeit mit verschiedenen sprachlichen Mitteln wiedergegeben werden:

1. (Typisch englische Zeitungssprache: historisches Präsens + „as" – eine annähernde Entsprechung ist im Deutschen die verkürzende „bei + Substantiv"-Formel)

„Hunderte von Toten *bei* Explosion einer Frachtmaschine"

„Aktiensturz *bei* Bekanntwerden des Siemens-Skandals"

2. Der weiße Amerikaner leidet zunehmend an Angstgefühlen *angesichts* des unaufhaltsamen Machtzuwachses der Minderheiten.

3. Ihre Taille ist dicker, hat keine so deutliche Einbuchtung mehr, *nun da* ihr Körper die tonnenförmige Gestalt der Frau in den späten mittleren Jahren / an der Schwelle zum Alter annimmt.

4. J. Simon ist wie jemand, der vom Empire State Building springt und, *während* er am 10. Stock vorbeifällt, von sich gibt, wie toll doch bisher alles gelaufen sei.

5. Das Denken der Wolgadeutschen ist beherrscht von dem Gefühl, daß ihre gefährdete Existenz *mit* zunehmenden Nationalitätenkonflikten in der früheren Sowjetunion noch unsicherer wird. ... daß ihre gefährdete Existenz noch unsicherer wird, in dem Maße wie ...
... daß ihre Existenz um so unsicherer wird, je mehr die Nationalitätenkonflikte zunehmen.

6. *Während* dieses Jahrhundert und Jahrtausend sich lustlos und schlaff ihrem Ende nähern, haben die Schriftsteller schon mit dem Erstellen ihrer Zukunftsprognosen begonnen.

7. *Mit* der steigenden Anzahl der produzierten BMWs wird sich auch die Prozentzahl der in den USA gefertigten Autoteile erhöhen. Je mehr BMWs ... produziert werden, desto mehr steigt die Prozentzahl ...

8. *In dem Maße wie* für immer mehr Frauen und Männer eine kreative Zusammenarbeit möglich wird, verliert die Frage, wer der „Boss" ist, ganz einfach an Bedeutung. (Nicht: Die einfache Tatsache ist ...)

AB 6 „Wortfeld Instabilität"

a. *Schlagzeilen*

Unvorstellbar! / Wahnsinn! – Der erste Mensch auf dem Mond

Regierung in R.... gestürzt!

Hussein (steht) am Rande des Ruins!

Nach dem Spiel – weiche Knie!

b. *Aus Romanen*

1. Allein bei der Erwähnung seines Namens erstarrten alle vor Angst.
2. Ihre Lippen bebten, als sie versuchte, nicht zu weinen.
3. Ihre zitternde Stimme verriet ihre Unsicherheit.
4. Zu seinem Entsetzen sah das Kind, wie sein Turm aus Bausteinen ins Wanken geriet und zusammenstürzte.
5. Ich folgte der Fremdenführerin, die Schuhe mit 6 cm hohen Pfennigabsätzen trug. Ihr trippelnder, wackeliger Gang, als wir die Stufen zum Capitol erklommen, ihr beinahe verhängnisvolles Schwanken, als wir uns durch die geschäftigen Straßen kämpften, und die Tatsache, daß sie die letzte Stunde unserer Tour barfuß ging: all dies beweist zwingend, welche Beschränkungen die Mode der Bewegungsfreiheit der Frauen auferlegt.

AB 7 „Das verflixte *it*"

Satzlogik

1. Die Unterzeichnung des Vertrages, womit der DDR ein Ende gesetzt wurde, bedeutete auch das Aus für *deren* größeren, stärkeren und erfolgreicheren Rivalen, die BRD. Dies ist jedoch nicht der richtige Zeitpunkt, den Nachruf auf *die BRD* zu schreiben.

2. Wenn der Kampf Rußlands um Demokratie scheitert, dann bedeutet *dies* auch eine Niederlage für die westliche Demokratie. (Nicht: „es" – auf den Inhalt eines ganzen Satzes beziehen wir uns im Deutschen mit „das, dies".)
Wir befinden uns an einem der großen Wendepunkte in diesem Jahrhundert, und wenn die USA sich als Supermacht erweisen sollen, dann müssen sie sich dieser Herausforderung mit all dem Engagement stellen, das *diese/die Sache* verdient.
(Nicht: „sie" – könnte man irrtümlich auf USA beziehen, obwohl das Verb im Singular steht.)

3. Beide Episoden bestätigten wieder einmal Genschers Ruf als Politiker, dessen Volksnähe und Gespür dafür, was *die Leute* bewegt, den Stoff für politische Legendenbildung abgeben. Bezahlt gemacht hat sich dieses Gespür in hohem Maße.
(Fokussierung im Deutschen durch Änderung der Wortstellung)

Fokussierung

4. Am 9. September 1791 bekam der französische Architekt von Th. Jefferson *endgültig* den Auftrag für den Entwurf einer neuen Bundeshauptstadt.

5. Die Meinung der Japaner über die amerikanische Arbeiterschaft ist nicht nur geringschätzig, sondern *schlichtweg* falsch – und jämmerlich veraltet.

6. „Die Stütze des Haushalts bin ich", sagte die Henne eines Tages. „Der Herr kann nicht leben ohne sein Frühstücksei, und das leg' ich."
(Fokussierung durch Endstellung des „ich")

7. Warum *nur* können manche Menschen augenscheinlich ihre Produkte überall und an x-beliebige Menschen verkaufen? Andere wiederum sind erfolglos, obwohl sie sich offensichtlich sehr anstrengen. Warum *nur* sind manche wie König Midas und machen alles, was sie berühren, zu Gold?

Persönliches zu Unpersönlichem

8. Dies war dennoch ein Ereignis von historischer Bedeutung. *Damit wird* der Schluß-

strich unter den Zweiten Weltkrieg und den darauffolgenden Kalten Krieg gezogen.

9. Bei dieser Geschichte Englands, zu der S.A.B. ein Vorwort beigetragen hat, handelt es sich nicht nur um eine Chronik der gekrönten Häupter, sondern *es wird darin* die Rolle beleuchtet, die Rebellen, Reformer, Politiker und Wissenschaftler, Künstler, Handwerker und ganz gewöhnliche Menschen gespielt haben.

10. Die in diesem Aufsatz dargelegten Thesen werden durch ausführliche Dokumentation belegt. *Damit wird gezeigt*/Daraus geht hervor, welchen Druck die Westmächte auf Adenauer ausübten.
(Nicht: „Sie zeigt ....“ und schon gar nicht: „Es zeigt ....“)

Deutsche Grammatik

Um sich auf das Letztgenannte zu beziehen, steht im Deutschen das Demonstrativpronomen „deren“ bzw. „dessen“ statt des Possessivpronomens „ihr“ bzw. „sein“, wenn es Mißverständnisse geben könnte.

Sie sprach mit Margot und *deren* nettem Mann.
Sie ging mit meiner Mutter und *deren* Freundin spazieren.
Er begrüßte seinen Freund und *dessen* Schwester.

(Siehe Duden Bd. 9 *Richtiges und gutes Deutsch* unter „derer/deren“)

AB 8 „Wortartenwechsel“

1. Das Wort Guillotine beschwört Bilder von der Enthauptung von Königen und vom Blutdurst der Französischen Revolution/von der blutrünstigen F.R. herauf. (3.b, 3.d.)

2. Mangelndes Kunstverständnis ist das Ergebnis des heutigen Bildungssystems. (3.f.)

3. Es wird nun deutlich, daß in den neuen Bundesländern langsam etwas in Bewegung gerät. (1)

4. Königin Victoria trug große Verantwortung für das britische Weltreich. (3.a.)

5. In Deutschland sind viele der Meinung, daß Günter Grass langsam die Öffentlichkeit langweilt. (2/3)

6. Aus der Entfernung konnte er sie erspähen/er erblickte sie in weiter Ferne. (3.e.)

7. Der autoritäre Mensch ist oft unkreativ und sein Denken verläuft häufig in rigiden Bahnen. Auf intellektueller Ebene neigt er zur Vereinfachung und Schwarzweißmalerei aller Probleme. (1/2)

8. Dies sind reine Statussymbole, die wirtschaftlich gesehen völlig unsinnig sind. (3.f.)

9. je nach Kontext: Die Aufsicht durch die Eltern/Die elterliche Aufsichtspflicht wird auf das absolut Notwendige beschränkt. (3.a.)

10. Der Kommunismus war, wie viele seiner Anhänger/wie viele, die versucht hatten, ihn in die Praxis umzusetzen, inzwischen erkennen mußten, ein Irrweg/Mit dem K.... war man völlig auf dem Holzweg. (1)

11. Ältere Menschen neigen im allgemeinen zu der Annahme/glauben oft, daß früher alles besser war. (3.e.)

12. Dies könnte der Grund dafür sein, daß die Öffentlichkeit einen Ansatz, der beide Kulturen einbindet, mit überwältigender Mehrheit ablehnt. (3.c.)

13. Die Frage lautet nun, ob Deutschland seinen Bürgern auch weiterhin Wohlstandswachstum/steigenden Wohlstand bescheren/bieten kann. (1/3.f.)

14. Die Engländer wollen keine fremden Gebiete erobern/Den Engländern gelüstet es nicht nach der Eroberung fremder Gebiete. (2/3.b.)

15. Diejenigen, die den Beitrag Afrikas zur Geschichte als unwesentlich abtun, sind gewöhnlich von einem (stark auf Europa bezogenen) akademischen Milieu geprägt, das ganz auf Europa ausgerichtet ist. (3.a., 3.b., 3.c.)

AB 9 „Infinitiv-Konstruktionen"

1. Willi Brandt gehörte zu den wenigen wirklich großen Politikern, die nach dem Krieg in Erscheinung traten / in Erscheinung treten sollten.
(Nicht von irgendwelchen Absichten Brandts ist hier die Rede, also kein „um zu"!)

2. Um eine Abhilfe für diese Mißstände zu schaffen, wollen die Sozialisten das Privateigentum abschaffen und vertreten den Standpunkt, daß individueller Besitz *in vom Staat verwaltetes* Gemeineigentum überführt werden sollte. (... in Gemeineigentum, das dann vom Staat zu verwalten sei/verwaltet wird)

3. Unter solchen Bedingungen könnte jederzeit aus den Kasernen eine Figur wie dieser Diktator hervortreten, *der sich dann ... macht/und sich* zum Fürsprecher der Nöte des Volkes machen.
(*fears and frustrations* – Doppelung, →→ AB 2 „Hendiadyoin", S. 18)
Man kann sich sehr leicht vorstellen, wie die Massen jubeln.

4. Dies ist zu erreichen durch weitere Polizeireformen und eine expandierende Wirtschaft, die Arbeitsstellen für die zurückkehrenden Exilanten und die Tausenden von Schulabsolventen schaffen *können*.

5. Ein paar Minuten später kehrt er zurück und meint: „Seltsames Paar, *das da* nach Hawaii fliegt, findest du nicht?"

6. Das Stück handelt von Zwillingen, die bei der Geburt getrennt werden und *von denen der eine* im Slum aufwächst, der andere im Wohlstand der gehobenen Mittelschicht/in gutbürgerlichen Verhältnissen. (*Managerial* ist hier nicht als berufliche, sondern als soziale Kategorisierung zu verstehen.)

7. Es wäre der Gipfel der Dummheit, *wenn die führenden Politiker* Europas riskieren würden, *daß* so etwas noch einmal passiert.

8. „Es entspricht nicht dem menschlichen Wesen, *daß sich alle* über alles einig sind", meint sie.

9. Letzte Woche forderten 150 Wissenschaftler aus 26 Ländern in einem dringenden Appell internationale Kontrollen, damit dem weltweiten Drogenmißbrauch Einhalt geboten werden *kann*/... die dem Drogenmißbrauch Einhalt gebieten *sollen*.
(„um zu" würde sich auf das Subjekt, die Wissenschaftler, beziehen!)

10. Die Zahl der bei der Stadt Beschäftigten verringerte sich um 60.000, damit hatten die sozialen Einrichtungen *viel zu wenig Arbeitskräfte, mit deren* Hilfe sie die Probleme der Kindsmißhandlung, des Drogenmißbrauchs und der Obdachlosigkeit hätten in den Griff bekommen können. (..., um die Probleme bewältigen zu können)

11. Die Unterschiede sind *so groß, daß* die Frauen die Karriereleiter ins höhere Management nicht erklimmen können.

12. Die Aussicht auf ein gefährliches Machtvakuum ist nun *so real, daß* dadurch die erste ernsthafte Diskussion in Washington über die amerikanische Politik in dieser Region erzwungen wurde.

13. Der US-Senat fand die Beweislage so besorgniserregend, *daß* er einen schnelleren Ausstieg aus der Produktion von FCKWs *für gerechtfertigt* hielt.
(*justify* bezieht sich auf *evidence,* nicht auf das Subjekt, *the U.S. Senate*, – also nicht: ... um zu rechtfertigen)

14. Das Fiasko war *so groß, daß* viele überzeugt waren, sein Rücktritt wäre wohl das klügste.

15. 500 Football-Spieler der Nationalliga wurden so schwer verletzt, *daß* sie in dieser Spielsaison ein Spiel aussetzen müssen.
(Sie sind sicher nicht „schwer genug" verletzt worden!)

AB 10 „issue-public-popular"

1.a. und b. Kernfragen, wichtigste Wahlkampfthemen, heiße Themen, Angelpunkt, wesentlicher Punkt
c. Charakterfrage

2. Die Außenpolitik ist in diesem Jahr das wichtigste *Wahlkampfthema*. Sie *war* niemals von größerer Bedeutung als heute. Die Republikaner, deren Stärke dieses *Gebiet gewesen ist*, sind der Ansicht, daß sich die *Amerikaner* nicht mehr dafür interessieren. Die Demokraten, die Schwächen auf diesem *Gebiet* gezeigt haben, hüten sich davor, das Thema Außenpolitik anzuschneiden.
➔➔ AB 13 „people", S. 77–78/Perfekt

3. Mavin, ein wichtiger amerikanischer Maler, sehnte sich nie nach/erhoffte sich nie *allgemeine Anerkennung*/eine *breite Öffentlichkeit* und zweifelte auch nie an seinem Stellenwert in der amerikanischen Gesellschaft.
..... erhoffte sich weder ..... noch .....

4. Mavin, ein durch nichts zu erschütternder/unerschütterlicher/ein sich stets gegen die Normen/Konventionen *der Kunst* auflehnender Rebell, war besessen vom *Thema* „Freiheit".
➔➔ AB 8 „Wortartenwechsel", S. 40–41

5. *Violetta Chamorro, Nicaraguas Präsidentin*, hat *bis jetzt* wenig Erfahrung im *öffentlichen Leben*.
Unika/Rechtschreibung/Genitiv/Perfekt

6. *An der* Ermordung ihres Ehemannes entzündete sich *der Zorn des Volkes*. (Im englischen Satz ist *assassination* personifiziert.)

7. *Soziologen*, die über *politische Abläufe* / Geschehnisse schreiben, gelingt es gelegentlich, *Binsenweisheiten* zu erkennen, *viel seltener gelingt es ihnen jedoch*, diese an Einsicht/Klarsicht zu übertreffen.
➔➔ AB 3 „social", S. 19/Satzbau

8. Moral (moralische) und ethische Normen *waren/sind gewesen schon immer* wichtige Gesichtspunkte bei internationalen Angelegenheiten. *Neu auf diesem Gebiet ist* der explosionsartige Anstieg *der* Bücher zu diesem Thema. Der Grund dafür ist das *Interesse der Öffentlichkeit* an/für außenpolitische *Fragen/Probleme*.
➔➔ AB 12 „what", S. 76–77/Genitiv/Perfekt

9. Die ganze Sache war eine *nationale* Katastrophe.
(Wenn „die ganze Sache" auf Staatsebene geschah, sonst auch „eine Katastrophe für die Öffentlichkeit".)

10. Auf internationaler Ebene wird die *Zusammenarbeit*/Die *internationale Zusammenarbeit* auf dem Gebiet der/bei der wissenschaftlichen Forschung wird immer problematischer, und *wir müssen uns* mit dem *Problem* der nationalen Sicherheit, des Wettbewerbs und des Nationalstolzes beschäftigen, die eine solche Zusammenarbeit erschweren.
Oder: Es muß eine Auseinandersetzung stattfinden *mit den eine solche Zusammenarbeit erschwerenden* Problemen der...
➔➔ AB 8 „Wortartenwechsel", S. 40/persönliche Ausdrucksweise/Nominalstil: Partizipialattribut

11. *Da* die *Bevölkerung* größeren Zugang zu Informationen bekommt und die *führenden Politiker* dieser neuen Realität Rechnung tragen, *bestimmt* das Forum der *öffentlichen Meinung* oft die Lösung von *Streitfragen / aktueller Probleme* / oder:

Die Bevölkerung bekommt größeren Zugang ... *und* die Politiker tragen dieser ... Das Forum der ... bestimmt *damit oft* ... Die Gesellschaft muß mehr Aufmerksamkeit auf die Qualität der der Wählerschaft zur Verfügung stehenden Informationen richten, so daß die Entscheidungen/Meinungen/Urteile der *Öffentlichkeit/der Bürger* fundierter werden.

➔➔ AB 5 „as“, S. 26/AB 13 „people“, S. 77/ AB 8 „Wortartenwechsel“, S. 40/Fremdwort

AB 11 „Stolpersteine“

Stolpersteine – wer Sie kennt, stolpert nicht mehr!
Gegen das Stolpern hilft nur eines: einprägen!

(Um die Grundbedeutung der „Stolpersteine“ deutlich zu machen, wird die rein lexikalische Bedeutung vorangestellt und außerdem möglichst nah am Englischen übersetzt. Im Textzusammenhang würde sich häufig eine wesentlich freiere Übersetzung anbieten.)

Bezugnahme

at that rate – unter diesen Umständen/falls dies so weitergeht
1. Das Züricher Kunstmuseum hat das Angebot gemacht, drei Nägeli Zeichnungen für 15.000 SF zu kaufen. Unter diesen Umständen werden es die Züricher vielleicht noch bereuen, daß sie die meisten Zeichnungen vernichtet haben, die Nägeli ihnen kostenlos vermacht hatte.
Nicht verwechseln mit: *at any rate* – auf jeden Fall.

as it were – sozusagen
2. Sogar derjenige, der die niedrigsten Arbeiten verrichtet, kann seine Bedeutung spüren. Er trägt sozusagen/gleichsam seinen Teil bei, jeder strengt sich an für eine gemeinsame Sache.

3. Hätte der kalte Krieg noch etwa ein weiteres Jahrzehnt gedauert, dann hätte eine westeuropäische Union gleichsam im Schutz der Mauer entstehen können.

for that matter – eigentlich/überhaupt
4. Was bleibt, ist der nagende Zweifel an der Stärke und Funktionsfähigkeit des amerikanischen Kapitalismus und damit der Funktionsfähigkeit des gesamten Regierungssystems überhaupt.

5. Nichts sprach dafür, daß es bei den Schießereien um politischen Protest oder eigentlich überhaupt um irgend etwas ging.

Verstärkung/Graduierung

all but – fast, beinahe
6. Pnin hatte sich nahezu dem samtenen Vergessen hingegeben, als draußen etwas Schreckliches passierte.

7. Seit Einführung der Währungsunion steht Ostdeutschland kurz vor dem Zusammenbruch/am Rande des Ruins.

all but hat die Funktion eines Adverbs. Nicht verwechseln mit *anything but* s. Satz 20.

Achtung! Es können auch Personalpronomen *all* und die Konjunktion *but* wie im folgenden Satz zusammentreffen:
Such feelings did not exist before unification when all but the iron-minded leaders of the G.D.R. accepted that the two Germanies were culturally one nation.
Vor der Wiedervereinigung, als alle außer den Betonköpfen in der DDR es akzeptierten, daß die beiden deutschen Staaten kulturell eine Nation sind, gab es solche Empfindungen nicht.

as often as not / more often than not – häufig, meist
8. „Und nur damit du's weißt. Ich gewinne so gut wie immer.“

9. Der einzelne legt eine Sache meist ganz anders aus als seine Mitmenschen.

as likely as not / more likely than not – sehr wahrscheinlich
10. Forscher nehmen gerne an, daß die Er-

gebnisse, die ihre Theorie stützen, höchstwahrscheinlich richtig sind.

11. Wenn den Begabten auch viele Türen offenstehen, ist es doch eher so, daß Reichtum und Armut sich von Generation zu Generation fortsetzen.

nothing if not – überaus
12. Diese Bürokraten sind überaus logisch.

13. Aber Mrs. Windsor war eben, wie Miss Jakes, die die vierte Klasse unterrichtete und aus London kam, angemerkt hatte, überaus kinderlieb. Sentimental meinte sie wohl.

if anything – eher/eigentlich/(wenn überhaupt)
14. „Harry, du brauchst nicht so schnell zu fahren, wir sind mehr als pünktlich/sowieso zu früh dran!"

15. Der Weg aus der Armut ist in den letzten zehn bis zwanzig Jahren eher noch/eigentlich schwerer geworden, meinen die Wirtschaftsexperten.

rather than – eher / und nicht so sehr
16. Wie eine Untersuchung zeigt, ist Stolz und nicht so sehr Gewinnstreben das Motiv für die Gründung einer eigenen Firma trotz der langen Arbeitszeit und dem im Verhältnis dazu geringen Einkommen.

17. Statt England für ausländische Besucher attraktiver zu gestalten, wird diese Maßnahme eher auf die große Diskrepanz aufmerksam machen, die schon zwischen Großbritannien und anderen Ländern besteht.

Einschränkung / Einräumung

albeit – wenn auch (nur)
18. Heute ist die Universität immer noch das, was sie war, bevor der Widerhall der fernen Geschützfeuer die Universität in ihrer akademischen Erhabenheit – wenn auch nur oberflächlich – störte.

19. Nachdem sich die Menschen in Osteuropa jahrelang nach den Früchten des Kapitalismus gesehnt hatten, müssen sie nun feststellen, daß das alte System tatsächlich ein Arbeiterparadies war, wenn auch nur ein schäbiges.

anything but – alles andere als
20. Die Beziehungen zwischen den beiden Ländern sind in letzter Zeit alles andere als freundschaftlich gewesen.

barring/bar – falls (es) nicht (gibt) / außer
21. Falls nicht in letzter Minute Verhandlungen zwischen Deutschland und GB stattfinden, wird es wohl nächsten Sonntag eintreten.
vgl. *barring accidents* – falls nichts passiert

22. Falls GB nicht schon vorher untergeht, oder eine kosmische Katastrophe eintritt, müssen wir einfach wissen, wie wir unsere Zukunft am besten gestalten können.

but for – wenn nicht (wäre)/ohne
23. Wenn es dieses brennende Bedürfnis nicht gäbe/Ohne ..., hätte es keine Kulturleistung gegeben.

for all – trotz
24. Trotz der außergewöhnlichen Möglichkeiten, die die Informationstechnologie eröffnet, bleibt sie dennoch nur ein Werkzeug für das Management und ist kein Ersatz dafür.

25. Trotz der Barrieren, die zwischen Ost und West abgebaut wurden, mangelt es beiden Seiten noch an gegenseitigem Verständnis.

Vorsicht! Nicht alle Barrieren wurden abgebaut, und sie sind auch nicht „verschwunden". Also nicht: Obwohl alle Grenzen ...

AB 12 „what"

Die Markierung und Fokussierung, die der englische Satz durch die *what*-Konstruktion erhält, kann nur durch eine Loslösung von der Struktur des AT im Deutschen wiedergegeben werden.

1. McNamara schätzt, daß eine Milliarde

Menschen in „absoluter Armut“ leben, wie er es nennt. (nicht: ... in dem, was er ...)

2. Weiter weg markieren verlassene Wachtürme die einstige Grenze zwischen der DDR und der BRD.

3. Gorbatschows Sieg war zweifelsohne überwältigend. Aufmerksamkeit erhielt er dafür aber kaum.
(nicht: ... Aufmerksamkeit für das, was man auf jeden Fall als ...)

4. Schön ist es, das Lob Münchens aus dem Munde einer jungen Frau zu hören, die aus einem sog. „irdischen Paradies“ kommt.
(nicht: ... die aus dem kommt, was viele ...)

5. Herbeigeführt wurde der Sinneswandel in bezug auf die Geschwindigkeitsbegrenzung durch die Entscheidung des Bundesgerichtshofs.
(Fokussierung durch Inversion! →→ Teil II „Deutscher Satzbau“)

6. Genau das haben andere über die ganze Affaire gesagt – daß sie künstlich hochgespielt worden sei.
(Fokussierung durch Füllwort!)

7. Genau das geschieht nun – trotz des ganzen Geredes über Zusammenschluß und Vereinigung.

8. Diese Übersetzungsmethode ist zum Scheitern verurteilt. Gebraucht wird eine systematische Methode.
(Was gebraucht wird, ist ... – unnötig!)

AB 13 „people“

1. Vielleicht ist Ronald Reagon für das *amerikanische Volk/die Amerikaner* immer noch eine höchst erfolgreiche und allseits beliebte *Persönlichkeit*, die Historiker, die seine Leistung als Präsident bewerten, geben ihm jedoch schlechte Noten/stellen ihm ein schlechtes Zeugnis aus.
(„Figur“ im fachsprachlichen Kontext: Figuren im Roman oder Drama und in festen Wendungen: eine wichtige Figur in der Politik. Allgemeinsprachlich wird „Figur“ eher abwertend gebraucht.)

2. Die Notlage, in der sich allein lebende *ältere Menschen/Senioren/unsere älteren Mitbürger* (je nach Kontext) befinden, geht uns alle an.
(„Leute“ ist zu umgangssprachlich.)

3. Brandts Amtszeit als Bundeskanzler der BRD war ein Wendepunkt in der Geschichte der *Deutschen*. *Seine Person* wurde sowohl in der Innen- als auch in der Außenpolitik einer geteilten Nation *zum Symbol/er wurde zur Symbolgestalt* der Versöhnung ... Selbst als sich Brandt schon teilweise aus der Politik zurückgezogen hatte, war er doch immer noch eine höchst präsente *Persönlichkeit des öffentlichen Lebens*.
(Das deutsche Volk →→ Teil II „Konnotationen“, Lösung zu Übung 3, S. 160;
public person/figure = Persönlichkeit des öffentlichen Lebens →→ Text 7 „Television and Theater“, S. 55)

4. Sowohl *diejenigen*, die eine Abtreibung durchführen, als auch diejenigen/die Frauen, die selbst eine Abtreibung wollen, geraten immer mehr unter starken Druck.
(Hier genügt ein Pronomen.)

5. Sehen wir einmal von der Frage der Rechtmäßigkeit der Todesstrafe ab. Wenn *die Bürger/das Volk* sich dafür entscheiden/t, einen Straftäter hinzurichten, wie soll die Todesstrafe vollzogen werden?
(Siehe Satz 2.)

6. Es ist für *einen Menschen/den einzelnen* schwer zu sagen/zu erklären, wie/auf welche Weise er denkt. Ich denke nicht als Architekt. Ich denke einfach.
(„Person“ in einem anderen Kontext: eine tüchtige Person; oder fachsprachlich: der Angeklagte wurde zur Person vernommen, in diesem Haus wohnen 6 Personen. – Calatrava ist ein bekannter spanischer Architekt unserer Zeit.)

7. Es gibt überhaupt keinen Zweifel daran, daß Henry Miller eine weitaus bedeutendere *Gestalt* ist, als *viele* vielleicht vor 30 Jahren angenommen hätten.
(Siehe Satz 1 und Satz 4.)

8. Tatsächlich sind Millers pikarische *Ich-Romane* in gewisser Weise ein Rückgriff auf die lebenslustigen Helden Fieldings – wie zum Beispiel Tom Jones.
(zwar „erste Person Singular", hier aber „Ich-Roman")

AB 14 „Satzbauhürden"

Die Übungssätze sind Zeitungsartikeln entnommen, es handelt sich um die Textsorte Nachricht/Bericht und damit ist im Deutschen **nominalen Fügungen und Partizipialattributen** gegenüber Nebensätzen der Vorzug zu geben (➔➔ Teil II „Nominalstil", S. 109).

Kursivdruck bezieht sich auf die vorgeschlagene Methode der Hürdenüberwindung.

zu a.

Achtung!
Wird eine infinite Konstruktion im Deutschen mit HS und NS übersetzt, muß zuerst das volle Subjekt genannt werden und erst dann folgt das entsprechende Personalpronomen.

Satz 1.–4.: Partizipialkonstruktionen ohne Konjunktion sind nicht so eindeutig festlegbar wie ein vergleichbarer Nebensatz. Sie beinhalten meist eine Begleiterscheinung, die mit einer adverbialen Bestimmung der Zeit, des Grundes oder einem Relativsatz wiederzugeben ist.

1. *Durch das jahrhundertelange Leiden unter* sich ständig verschiebenden und nicht eindeutig festgelegten Grenzen waren die Deutschen mehr als andere Europäer gezwungen, auf die gemeinsame Abstammung und die kulturellen Wurzeln als Kennzeichen nationaler Zugehörigkeit Wert zu legen.
Da *die Deutschen* .../*Die Deutschen* hatten ... gelitten und somit waren sie ...
nicht: Da sie ..., ...

2. *Da* die Stadt nun 825.000 weniger Einwohner hatte und damit auch eine erheblich geringere Einnahme an Einkommenssteuer, versuchte sie dem finanziellen Ruin durch eine starke Reduzierung der sozialen Dienstleistungen zu entgehen.
Nachdem die Stadt ... verloren hatte ...
(Zeit oder Grund? Nicht immer ganz eindeutig, kausal fast immer bei Verben mit statischer Bedeutung, s. Klett Grammatik: 293.)

3. Der Begriff „Fin de siècle" wurde auf alles angewendet, was man für korrupt und entartet hielt.
(Partizip als Entsprechung eines Relativsatzes.)

4. *Nun, da* alle möglichen Schranken in Europa beseitigt werden, nehmen die internationalen Aktivitäten auf dem Immobilienmarkt bereits sprunghaft zu.
(Partizip mit eigenem Sinnsubjekt! Solche *with*-Konstruktionen beinhalten meist Gleichzeitigkeit und gegenseitige Abhängigkeit.)

Achtung!
Satz 5. und 6.: Gerund mit eigenem Sinnsubjekt – hier ist die Gefahr des falschen Bezugs besonders gegeben:

5. Im dritten Akt/Abschnitt wird es in Osteuropa um die sehr schwierige *Aufgabe der Erstellung* eines wahrheitsgemäßen Berichts über das Geschehene gehen *und um die Bereitschaft der Menschen*, die Verantwortung für ihre eigene Rolle darin zu übernehmen, so daß sie auch die Verantwortung für eine anders gestaltete Zukunft übernehmen können. ... Aufgabe, einen ... zu erstellen und darum, *daß die Menschen* die Verantwortung ... übernehmen, ...

6. Aber viele Politiker in China beunruhigt die Aussicht, *daß der freie Markt* den staatlichen Sektor verdrängen wird, was Massenarbeitslosigkeit zur Folge hätte.
... die Aussicht auf *die Verdrängung* des staatlichen Sektors durch den freien Markt,...
Nicht: ... die Aussicht auf den freien Markt, der ... verdrängt ...

zu b.

In den meisten Fällen müssen im Deutschen die logischen Beziehungen ausgesprochen werden, die das Englische unausgesprochen läßt.

1. *Ob Sie nun ein Mann oder eine Frau sind* –, wenn Sie mit der momentanen Situation in Ihrer Firma nicht einigermaßen zufrieden sind, dann ist es Zeit, daß Sie gehen.

2. Die Mauren waren hervorragende Seeleute, Handwerker und Baumeister *und* hinterließen *somit* in Portugal unauslöschliche Spuren.

3. *Noch wichtiger ist aber, daß* die Wissenschaftler noch nie so weit in die Vergangenheit zurückblicken konnten.
(➔➔ Tip „Das verneinte Gegenteil“, S. 155)

zu c.

Achtung!
Im Deutschen haben verschiedene Präpositionen verschiedene Fälle nach sich, d.h. das Substantiv, das im Englischen mit mehreren Präpositionen verbunden werden kann, muß bei nicht identischem Kasus samt Artikel und Attribut wiederholt oder durch ein Präpositionalpronomen (daran, darauf etc.) oder das entsprechende Demonstrativpronomen (der-/die-/dasselbe) ersetzt werden.

1. Der Gouverneur bewies eine echte Liebe zur Politik und ein totales Engagement für *die Politik*.
... bewies, wie echt seine Liebe zur Politik war und wie total er sich *dafür* engagierte.

2. Ohne literarische Gelehrsamkeit *zu beabsichtigen oder für mich zu beanspruchen*, habe ich doch immer ein ganz besonderes Bedürfnis gehabt, alles mir Mögliche darüber im Laufe der Jahre zu lernen.
Ohne die Absicht auf ... zu hegen oder den Anspruch darauf zu erheben, ...

3. Als Gastgeber des österreichischen Präsidenten Kurt Waldheim war Kohl der erste westliche Regierungschef, *der* mit Waldheim außerhalb Österreichs zusammentraf *und* die dem österreichischen Präsidenten wegen seiner vermutlichen Kenntnis der Naziverbrechen und eventuellen Verwicklung *in dieselben* auferzwungene Isolation durchbrach / wegen seiner angeblichen Mitwisserschaft und Beteiligung an Naziverbrechen ...

zu d.

Achtung!
Im Deutschen dürfen nicht zwei Konjunktionen aufeinanderfolgen! Auch nicht Relativpronomen und Konjunktion!

1. Die Schlußfolgerung von Dr. Prince lautet, *daß es* bei Heranwachsenden zwar ganz normal ist, *wenn sie* unnormal sind, die Kunst bei den Eltern eines Teenagers *aber gerade* darin liegt, möglichst unauffällig zu sein.

2. Wir versuchen den Leuten in der früheren UdSSR immer wieder klarzumachen, *daß* sie erst einmal wirklich demokratischer werden müßten/ihren Willen zu mehr Demokratie zeigen müßten, *dann* seien wir auch moralisch verpflichtet, uns um sie zu kümmern.

3. Eine bemerkenswerte Ausnahme stellte der Brite Sir Ch. P. dar, *der zwar* die zunehmend engere Zusammenarbeit befürwortete, *aber* in dem *seiner Meinung nach* überstürzten Drang nach Einheit zu einer Zeit, da Europa sich mit dringenderen Problemen beschäftigen sollte, eine Gefahr für das europäische Unternehmen sah.
(Nicht: ...der, während...).

Der deutsche Satzbau

Übung 1

(Es handelt sich hier um Sätze, die an anderer Stelle in Übersetzungsübungen vorkommen. Wo, ist am Ende der Sätze angegeben.)

Verb zwischen verschiedenen Satzteilen

1. Als John Major sich vor seinem Amtssitz *zeigte*, nur wenige Stunden, nachdem sich die Wähler über Meinungsumfragen und Experten *hinweggesetzt hatten*, die eine Niederlage Majors durch die oppositionelle Labour Party als wahrscheinlich vorausgesagt hatten, schlug der Premierminister nach einem der härtesten Kopf-an-Kopf-Rennen in jüngster Zeit einen bewußt versöhnlichen Ton an.
(Übung 1 zum englischen Satzbau S. 108)

2. Eine bemerkenswerte Ausnahme stellte der Brite Sir Charles Powell dar, der zwar eine engere Zusammenarbeit befürwortete, aber Gefahren für das europäische Unternehmen *sah* in dem seiner Meinung nach überstürzten Drang nach politischer Einheit zu einer Zeit, da Europa sich mit dringenderen Problemen beschäftigen sollte.
(➔➔ AB 14 „Satzbauhürden", Satz d.3., S. 86)

oder Nachtrag von Sinneinheiten

Eine bemerkenswerte ... der sehr wohl eine engere Zusammenarbeit befürwortete, aber Gefahren für das europäische Unternehmen sah, *und zwar* in dem seiner Meinung nach ...

Verb vor Nebensatz

3. Damit war Kohl der erste führende westliche Politiker, der mit Waldheim außerhalb Österreichs zusammentraf und damit die Isolation *durchbrach*, die dem österreichischen Präsidenten wegen seiner vermutlichen Mitwisserschaft und Beteiligung an Naziverbrechen aufgezwungen worden war.
(➔➔ AB 14 „Satzbauhürden", Satz c.3., S. 86)

Übung 2

1. Frontstellung haben
in Satz 1 der „daß"-Satz
in Satz 2 und 3 der Infinitivsatz
in Satz 4 die Prädikatsergänzung
in Satz 5 und 6 das Objekt

2. Prädikatsklammer:
Satz 1: ist .... überzeugt
Satz 2: ... wollte sie .... wissen.
Satz 5: ... sprach der P .... zu

3. Vorgezogenes Verb:
Satz 2: ...... wollte sie deshalb wissen bei einer ....
Satz 4: ... stark geprägt sei durch den ...

Der englische Satzbau

Übung 1

"Triumphant, Major Vows End to Class in Society"

Die Textsorte „Nachricht" verlangt einen sachlichen, prägnanten Stil – Nominalstil ist anzuwenden!
➔➔ Teil II „Nachricht" und „Nominalstil"

Satz 1

Premierminister John Major, der durch den unerwarteten Wahlsieg der Konservativen gestärkt war, versprach, Großbritannien aus der Rezession heraus- und in die bereits bei seinem Amtsantritt beschworene „klassenlose Gesellschaft" hineinzuführen.
Oder: Gestärkt durch den unerwarteten Wahlsieg der Konservativen, versprach Premierminister John Major, ...

Hier ist die Partizipialkonstruktion am Anfang des Satzes auch im Deutschen möglich – das ist jedoch eher die Ausnahme. Durch **Nominalstil** läßt sich der deutsche

Satz kürzen: Partizipialattribut „beschworene" – Kompositum „Amtsantritt".

Satz 2

Bei seinem Auftritt/seiner ersten Stellungnahme vor seinem Amtssitz in No. 10 Downing Street (*Als* John Major sich ...... zeigte) nur wenige Stunden, nachdem sich die Wähler über Meinungsumfragen und Experten hinweggesetzt hatten, *die* eine Niederlage John Majors durch die oppositionelle Labour Party als wahrscheinlich vorausgesagt hatten (die vorausgesagt hatten, daß ... unterliegen werde), *schlug* der Premierminister nach einem der härtesten Kopf-an-Kopf-Rennen in jüngster Zeit einen bewußt versöhnlichen Ton *an*. (Auch: .... schlug er *auf eine Wahl hin / angesichts einer Wahl*, in der der Sieg so knapp wie kaum je zuvor ausgefallen war, einen bewußt....)

Es handelt sich hier um gleichzeitige Handlungen John Majors, die wir im Deutschen ähnlich knapp durch **Nominalstil** wiedergeben können: „Bei seinem Auftritt ...", „Niederlage ...", „Kopf-an-Kopf-Rennen".

Zeile 6: *chose* – kann unübersetzt bleiben, denn es ist schon in „bewußt" enthalten. **Schwerfällige Redundanz vermeiden!**

Zeile 5: *suggesting* ... – Wenn man sich nicht darüber im klaren ist, daß die *-ing*-Form als Partizip einen verkürzten Relativsatz einleiten kann, der sich hier auf *opinion polls* und *pundits* bezieht, dann wird man vor diesem Satz kapitulieren!

Tip: Suchen Sie bei komplexeren Satzperioden immer zunächst nach dem Hauptsatz, dem *main clause*, von dem aus sich dann die Unter- und Nebenordnungen erschließen lassen.

Satz 3

John Major versprach, im Bereich der schulischen und beruflichen Bildung Verbesserungen herbeizuführen und den Erwerb von Wohnungseigentum zu erleichtern.

Satz 4

Da in Satz 3 schon dem S-P-O-Prinzip gefolgt wurde, nun nicht noch einmal dieselbe Wortstellung:

Ausdrücklich dementierte er, er hege jetzt oder in der Zukunft irgendwelche Pläne zur Privatisierung des kostenfreien staatlichen Gesundheitswesens in Großbritannien, wie es die Labour Party während des Wahlkampfes behauptet hatte.

Oder besser:
Ausdrücklich stellte er fest, er habe keinerlei Absicht, zu irgendeinem Zeitpunkt den kostenfreien staatlichen Gesundheitsdienst zu privatisieren, wie es ....

Tip: Will sich der rechte Sinn nicht einstellen, versuchen Sie es doch einmal andersherum – verneinen Sie das Gegenteil!
s. dazu W. Friedrich, S. 50
„Das verneinte Gegenteil"

Nominalstil „Knapp und bündig"

Übung 1

Hier der Originalton:

1. Gegen ihn wurde der *Vorwurf der Datenfälschung erhoben*.

2. Nach Angaben aus *Teilnehmerkreisen* ....

3. Er bezeichnete die *Exportabhängigkeit* der deutschen Wirtschaft als deren größtes Problem.

Lösungen: Informationsteil S. 108 u. S. 111

4. .... einen *finanzierbaren* Kompromiß

5. .... in die seit langem *für den 5. Febr. geplante* Sitzung

6. .... *alljährlich im August stattfindenden* Salzburger Festspiele

Übung 2

Bei einem Ministertreffen ....

Nach Angaben des Parteisprechers ....

Nach vorläufigen Berechnungen ....

Mit der Entdeckung des Penicillin ....

Nach der Entscheidung darüber ....

Nach vorläufigen Berechnungen ....

1. Der Wirtschaftskrise muß *mit einer Abkehr* von der ....

2. *Mit der Einführung des* europ. Binnenmarktes ....

3. *Nach 5 Jahren Verhandlung* wäre ...

4. *Trotz lückenloser Überwachung* des Gütertransports kam ....

5. *Durch eine größere Bürgerbeteiligung* an der Entscheidungsfindung könnten ...

6. *Bei der Vorstellung* der ....

Rhetorische Stilmittel

1. Hatte sie Helmut nicht schon tausendmal gewarnt, daß sich .... seien!
(Nicht: Helmut, habe ich dich nicht schon .....? Das wäre eine direkte Frage!)

2. Nun waren sie also gescheitert, zerstört aber waren sie nicht.
(Kein Punkt zwischen den Satzteilen!)

3. Noch hatte sie der Lebensmut nicht verlassen; noch floß das Blut heiß in ihren Adern; noch war es nicht zu spät .....

4. Sie hatten schon einmal Haus und Hof verloren, waren mit Hab und Gut zum ......

5. Dorthin, wo die Hühner noch glücklich *gackerten*, der Hahn noch fröhlich *krähte*, die Gänse eifrig *schnatterten*.

6. Helmut wollte nicht nur Dienstkraft sein beim Großbauern, er strebte nach Eigenständigkeit, er wollte sein eigener Herr sein – er erwartete sich mehr vom Leben.
(Dies ist nur eine der verschiedenen Möglichkeiten, hier parallel gebaute Sätze aneinanderzureihen.)

7. ..... ein nicht unansehnlicher Mann mit nicht unbeträchtlichem Vermögen, der die Frauen gerne sah.

8. Verliebt war auch sie einmal in ihn gewesen, geträumt hatte sie von ihm und geküßt hatte sie ihn im Traum.
(Als Stilmittel muß der Hauptteil des Prädikats voranstehen!)

9. .... wäre nur eine von den vielen Blüten gewesen, die er achtlos gepflückt hatte.
(Nicht: „... sie wäre nur eine in der langen Reihe der Frauen gewesen, die ...“ – das wäre nur ein schwaches Klischee, keine starke Metapher;
nicht: „... er hätte sie achtlos weggelegt, denn er wechselte die Frauen wie die Unterhosen.“ – zwar ein starker Vergleich, aber ein Stilbruch!)

10. Nur der Liebe Leid, nicht aber der Liebe Lust hatte sie bisher erfahren.

Das Fremdwort

In niedriger Höhe überflog ein *Helikopter* das Haus. Frau S. blickte ihm nach. Sie wußte, er war unterwegs zum *Aerodrom* des nahen Großkrankenhauses. Für einige *Momente* war der angeregte *Small Talk* verstummt. Herr S. nutzte die Pause, um einigen Gästen ein Glas Sekt zu *offerieren*. Dann kam es zu einem kleinen Streitgespräch über die *expressiven* Zeichnungen, die Herr S. vor wenigen Tagen auf einer Auktion erstanden hatte. Frau S. hatte ihren frankophilen Ehemann ermutigt, die kleine Zeichnung von Rodin zu ersteigern.

 Lösungen: Informationsteil S. 111–112, S. 116 u. S. 121

Lange Zeit hatten sie nur abstrakte Kunst gekauft, aber jetzt erschien ihnen beiden diese Stilrichtung *obsolet*. Frau S. fungierte in der Kleinstadt, in der sie lebten, als eine Art selbsternannte Vermittlerin französischer Kultur. Wobei sie allerdings französische Comics aus ihren Bemühungen ausschloß.
Später nahmen zwei Herren, die an diesem Abend ein wenig *overdressed* wirkten, Herrn S. beiseite. Jedermann wußte, daß Einladungen bei den S. geschäftliche Kontakte *implizierten*.

Alle kursiv gedruckten Wörter sind in diesem Text aus stilistischen Gründen unpassend. Es gibt dafür jeweils einen in den Kontext oder die Textsorte besser passenden deutschen Ausdruck:

Helikopter	Hubschrauber
Aerodrom	Landeplatz
Moment	Augenblick
Small Talk	Gespräch (Small Talk ist negativ wertend!)
offerierte	anbot
expressiven	ausdrucksvollen (es geht nicht um expressionistische Zeichnungen!)
obsolet	überholt
overdressed	zu elegant gekleidet
implizierten	einschlossen

Unika

Übung 2 „steak and kidney pie"

1. Überwältigende Erfolge bei *den Vorwahlen am Super Tuesday* haben sowohl *Präsident* Bush als auch *Gouverneur* Bill Clinton einen klaren Vorsprung im Rennen um eine sichere Nominierung für das *Weiße Haus* verschafft.
(„... am Super Tuesday, dem Tag, an dem in 6 Südstaaten Vorwahlen abgehalten werden" ist in diesem Fall zu genau, überdifferenziert.)

2. *Der Oberste Gerichtshof* in Irland hob gestern ein Verbot auf, das einem vergewaltigten Schulmädchen eine Reise nach Großbritannien zum Zweck einer Abtreibung untersagte. (Möglichkeit 2)

3. Mr/der Lehrer/Herr/Vornamen oder gar nichts /Driscoll unterrichtet Wirtschaft an einer *High School* in der Nähe von Washington.
(In einem sachlichen Bericht: an einer *High School*, einer weiterführenden Schule.)

4. Die *Nationale Oppositionsunion* (UNO) erkannte letztes Jahr, daß sie eine berühmte Persönlichkeit mit Charisma als Präsidentschaftskandidaten brauchte, um Ortega herauszufordern.
(Auf keinen Fall den englischen Begriff bzw. die englische Abkürzung übernehmen, auch nicht die deutsche Abkürzung, sondern die spanische, oder gleich die spanische Bezeichnung für die Partei und dazu in Klammern oder als Apposition die deutsche Bezeichnung.)

5. Die neue *Gesundheitsministerin*, Virginia Bottomley, setzte sich gestern ein ehrgeiziges Ziel, sie wolle „die Politik" aus der Diskussion um das *englische Gesundheitswesen* herausnehmen. (Möglichkeit 2)

6. Obwohl die Gesellschaft um die *Queen's University* in Belfast in diesem Jahrzehnt auseinandergebrochen ist, konnte die Universität dennoch relativ unbeschadet weiterbestehen.
(Übernahme des Begriffs, da es sich um den Namen der Universität handelt und dieser auch für Deutsche leicht verständlich ist.)

7. Amerika ist ein Traum für Reisende, die nach einer Unterkunft suchen, bei der das Preis-Leistungs-Verhältnis stimmt. Da kann man *bed and breakfast* als billige Alternative vergessen! (In einem sachlichen Bericht: private Unterkünfte, die Übernachtung und Frühstück anbieten.)

8. Heimlich schlich er zu einem Pub/in eine

Gastwirtschaft und gab sich den Wonnen einer *(deftigen) Fleischpastete* hin.
(Der ganze Ausdruck bezeichnet **ein** Gericht; Sie können es fast in jedem Pub bekommen.)

Stilebenen

Übung 1

1. ..... war eingeschlummert
2. Wohnstätte/Residenz
3. ... zu begleichen.
4. ..... verschlangen .....
5. .... kam .... um/kam ums Leben.
6. Der Nacken ......
(Auch wenn man in Bayern mit diesem Wort hauptsächlich „Schweinenacken" assoziiert, ist es dennoch das einzige Wort, mit dem die zarte Rückseite eines weiblichen Halses gegen das männliche derbe Genick abgegrenzt werden kann.)

Übung 2

Es gibt viele Varianten – aber sie sollten im Stil der vorgeschlagenen Lösungen sein:

Mathilde hatte *ein neues Kleid erworben*. Stolz *führte sie es* ihrem *Gatten vor*, der sie *prüfenden Blicken unterwarf/mißbilligend betrachtete*. ....., er fand, es sei *zu wenig repräsentativ / zu unelegant / von schlechter Qualität*. Sie *sei wohl der irrigen Annahme/der Vorstellung verhaftet*, daß sie *ein solches Kleidungsstück* noch immer tragen könne. Er *gestatte* ..... zum *Empfang* ..... Er *rügte sie/machte ihr Vorhaltungen*, weil sie .... *verstanden habe*, wie man sich *angemessen kleide*, wenn man *in diesen Kreisen* .....
Zudem solle sie nicht immer *so viel zu sich nehmen/so sehr dem Essen zusprechen/ sich beim Essen mehr Zurückhaltung auferlegen*. Sie *nehme sowieso schon ganz rundliche Formen an/neige zur Körperfülle*. Er *müsse sich förmlich ihrer schämen*, ... ihn nicht wieder *kompromittieren* ...... sie solle *sich zusammennehmen/beherrschen/ Haltung bewahren*. Mathilde ..... welch *selbstherrlichem/selbstgefälligem Mann sie sich verbunden hatte/sie geehelicht hatte.*

Nur „schriftsprachliche" Lösungen wären zu wenig:
also nicht nur „zugenommen" für „gehe auseinander"; „geheiratet hatte" für „eingelassen" etc.

Hätten Sie den Test bestanden und die Stelle bekommen?
Bei 5 Richtigen in Übung 1 und 15 Richtigen in Übung 2 wären Sie dabei!

Übung 3

1. Dublin allein lohnt sich schon zu erkunden: aber zwei Höhepunkte jedes Dublinbesuchs sind die Theater und die irische Musik.
Da Dublin in jeder Hinsicht das Zentrum Irlands ist und in Irland Gesang, Tanz und Theater eine wesentliche Bedeutung haben, sollte selbst ein Kurzaufenthalt in der Metropole an der Liffey den Besuch des Abbey-Theaters mit einschließen.

2. Allein schon Dublin ist eine Reise wert; unverzichtbare Höhepunkte eines jeden Aufenthalts in Dublin sind aber der Besuch seiner Theater und der Genuß der irischen Musik, die Sie sich keinesfalls entgehen lassen dürfen.
Dublin, das Herz Irlands, lebt wie das ganze Land, um es in die Worte der Bibel zu kleiden, nicht von Brot allein, sondern von Gesang, Tanz und Theater; deshalb wäre es undenkbar, auch nur kurz an den Ufern der Liffey zu verweilen, ohne dem Abbey-Theater einen Besuch abzustatten.

3. Dublin allein ist schon super. Aber ihr müßt euch unbedingt auch mal ein Theater reinziehen und in die Musik-Szene eintauchen. In Dublin geht die Post ab, hier wie

überall in Irland dreht sich alles um Musik, Tanz und Theater. Selbst bei einem Kurztrip an die Liffey: Laßt euch bloß nicht das Abbey-Theater entgehen – es lohnt sich! (Diese Ausdrucksweise ist vielleicht schon wieder veraltet, wenn Sie das Buch lesen!)

Kollokation – Die Qual der Wahl

Übung 1

Lagging hat im Englischen negative Konnotation, allerdings nicht so stark wie „Rückständigkeit" im Deutschen.

Hinterherhinken [○]
Nachlassen [−]
Zurückfallen [−]
USA im Hintertreffen [+]
Rückstand [○]
Rückständigkeit [−] wertend, zu negativ

Eine kürzlich erstellte [−]
aufgestellte [−]
durchgeführte [+]
veröffentlichte [+]
herausgegebene [−]

(eine Untersuchung durchführen, nicht erstellen oder aufstellen!)

neuere [+]
aktuelle [○] **Untersuchung erhebt die Forderung nach 500 Mio. $ zur**
Reduzierung [−]
Verringerung [−]
Herabsetzung [−]
Senkung [+]
Verminderung [−] **der zur Zeit höher als in 19 anderen Ländern liegenden Säuglingssterblichkeitsrate in den USA. Der Präsident Bush an sein Wahlversprechen „Wir investieren in unsere Kinder" erinnernde Bericht**
zeigt [+]
sagt [−]
meint [−]
bringt zum Ausdruck [+], **daß immer noch unannehmbare Unterschiede zwischen den ethnischen Gruppen und regionaler Ungleichheiten**
in Erscheinung treten [−]
deutlich zu bemerken sind [○]
klar nachzuweisen sind [+]
vorherrschen [−]
klar ersichtlich sind [+] **und daß die bei der Senkung der Säuglingssterblichkeitsrate erzielten Fortschritte**
deutlich [+]
merklich [○]
bedeutsam [−]
wesentlich [+] **geringer geworden sind.**

Bei dieser Übung zeigte sich große Übereinstimmung bei der Frage, welche Lösungen **nicht** möglich sind. Unterschiedliche Beurteilungen gab es hingegen bei der Unterscheidung zwischen möglich und gut.

Übung 2

Zum ersten Mal in der Geschichte der Stadt *stellen/bilden* die Weißen nicht mehr die absolute Bevölkerungsmehrheit. Ihre Zahl *ist* in den letzten 10 Jahren *um* 500.000 *auf* 3,16 Mio. *gesunken/gefallen.* Gründe für den *Rückgang* der weißen Bevölkerung sind die *niedrige* Geburten*rate/rückläufigen/geringen* Geburten*zahlen* bei den Weißen und die *Abwanderung* in weniger gefährliche Vororte. Vor allem ist die Entwicklung aber auf das starke *Anwachsen* der hispanischen Bevölkerung *zurückzuführen,* die mittlerweile 24,4 % der New Yorker *stellt/bildet/ausmacht.* In den vergangenen 10 Jahren wurde für diese Bevölkerungs*gruppe* ein *Zuwachs* von 380.000 auf 1,78 Mio. Menschen *verzeichnet* (nicht: registriert).

Denotation – Konnotation

Übung 1

Gut aussehende Menschen/Menschen mit ansprechendem Äußeren werden von Anfang an positiv beurteilt.

Auch bei der Suche nach einem Arbeitsplatz haben sie Vorteile.

Sie nehmen anderen Bewerbern die Arbeitsstelle weg/kommen ihnen zuvor/werden bevorzugt, vorgezogen.

Vor Gericht fällt für sie ein Urteil milder aus/die Strafe fällt geringer aus.

Man nimmt an, daß sie viele positive Eigenschaften haben / Ihnen werden ..... zugeschrieben.

Sie haben ....

Übung 2

.... fegte gestern noch durch das bekannte Ferienparadies.

Heute ist der Sturm abgeflaut und hin und wieder bricht die Sonne hervor.

In dem winzigen Fischerdorf wimmeln die Straßen vor Leuten / herrscht ein reges Kommen und Gehen.

Die Menschen sind aus dem Winterschlaf erwacht.

Auf den holprigen, schmalen Gäßchen herrscht ein dichtes Gedränge von ....

.... sind die Straßen des Ortes wie ausgestorben / leergefegt.

Übung 3

a.

I	II	III
Volk	Nation	Menge
Bevölkerung	Land	Masse
Einwohner	Staat	Plebs
Bürger	Volk	Gesindel
		Volk
		Mob
		Pöbel

b.
I. Alle Menschen, die in einem bestimmten Gebiet zusammenleben;
II. eine größere Gemeinschaft von Menschen, die innerhalb bestimmter Grenzen zusammenlebt;
III. eine große Anzahl von Menschen, die zusammen auftreten oder einer gemeinsamen Schicht angehören.

c./d./e./f.
I. Alle 4 Begriffe sind neutral:
In der Verbindung *das deutsche Volk* allerdings negative Konnotionen (Sprache des Nationalsozialismus!);
Bevölkerung betont die Gesamtheit der Menschen, der Einwohner;
Einwohner bezieht sich eher auf den einzelnen;
Bürger betont den politischen Aspekt.

II. Alle 4 Begriffe sind neutral:
Nation wird zunehmend im französischen bzw. amerikanischen Sinn gebraucht: eine bewußt und gewollt geformte Gemeinschaft von Menschen, die aus den verschiedensten Kulturen stammen können; so ist z.B. bei der Diskussion um die politische Einheit Europas immer von den einzelnen „Nationen" die Rede.
Im ursprünglich „deutschen" Sinn implizierte „Nation" eine gemeinsame Volkszugehörigkeit, gemeinsame kulturelle Wurzeln. „Zwei Staaten, eine Nation!"
Im allgemeinen Sprachgebrauch gehört zu „Nation" bis jetzt auch noch eine gewisse Größe, deshalb die „amerikanische Nation", aber nicht die „dänische Nation".
Land wird eher im geographischen Sinn gebraucht,
Staat im politischen und
Volk wiederum ist vom Kontext abhängig.
Ein „Volk" hat die gleichen kulturellen Wurzeln, lebt aber nicht notwendigerweise innerhalb bestimmter Grenzen, z.B. das „kurdische Volk".

III. Die Ausdrücke sind von „neutral" bis „sehr negativ" geordnet:
Menge ist neutral.
Die Konnotationen von *Masse* sind kontextabhängig: „Der Dieb tauchte in der Masse unter" – neutral; „Die Massen sind leicht zu beeinflussen" – negativ wertend.

Plebs ist negativ wertend: das niedrige Volk, die ungebildete Menge.
Gesindel ist negativ wertend: betrügerische oder arbeitsscheue Menschen (Pack).
Volk je nach Kontext: „So ein freches Volk!“
Mob: (gewalttätige) Menschenmenge.
Pöbel ist wohl der am stärksten negative Ausdruck: die unterste, verkommene Schicht des Volkes „der entfesselte Pöbel zog durch die Straßen“.

Bibliographie

Übersetzungswissenschaft/Sprachtheorie

Bühler, Karl. *Sprachtheorie.* Jena, 1934.
Crystal, David/Davy, Derek. *Investigating English style,* English Language Series, Title NO 1, New York, 10. Aufl. 1986.
Diller, Hans-Jürgen/Kornelius, Joachim. *Linguistische Probleme der Übersetzung,* Anglistische Arbeitshefte, 19. Tübingen, 1978.
Eggers, Hans. *Deutsche Sprache im 20. Jahrhundert.* München, 1973.
Friedrich, Wolf. *Technik des Übersetzens.* München, 4. Aufl. 1977.
Gottwald, Johannes. *Übersetzung Englisch-Deutsch.* München, 6. Aufl. 1990.
Gramley/Pätzold. *Das moderne Englisch.* Paderborn, 1985.
Güttinger, Fritz. *Zielsprache.* Zürich, 1963.
Hönig, Hans G./Kußmaul, Paul. *Strategie der Übersetzung.* Tübingen, 2. Aufl. 1984.
Koller, Werner. *Einführung in die Übersetzungswissenschaft.* Heidelberg, 1979.
Nord, Christiane. *Textanalyse und Übersetzen.* Heidelberg, 1991.
Reiß, Katharina. *Möglichkeiten und Grenzen der Übersetzungskritik.* München, 3. Aufl. 1986.
Rotter/Bendl. *Your Companion to English Texts.* München, 22. Aufl. 1993.
Smith, Veronica/Klein-Braley, Christine. *In Other Words.* Ismaning, 2. Aufl. 1989.
Snell-Hornby, Mary (Hrsg.). *Übersetzungswissenschaft – eine Neuorientierung.* Tübingen, 1986.
Vermeer, Hans J. *Skopos und Translationsauftrag.* Heidelberg, 1989.

Soziokultureller Hintergrund

Aktuell '91 – Das Lexikon der Gegenwart. Harenberg Lexikon-Verlag.
Aktuelles Lexikon 1991. Süddeutsche Zeitung.
Fischer, Paul/Burwell, Geoffrey, P. *Kleines England Lexikon.* München, 1991.
Sieper, Roswitha. *The Student's Companion to Britain.* München, 8. neubearb. Aufl. 1993.
Sieper, Roswitha. *The Student's Companion to the USA.* München, 5. neubearb. Aufl. 1990.

Nachschlagewerke

a. Stilistiken
Duden Bd. 2, *Das Stilwörterbuch.* Mannheim, 1988.
Duden Bd. 9, *Richtiges und gutes Deutsch.* Mannheim, 1985.
Sanders Willy. *Gutes Deutsch – Besseres Deutsch.* Darmstadt, 1990.
Schneider, Wolf. *Deutsch für Kenner.* Hamburg 1988.

b. Synonymiken
Duden Bd. 8, *Die sinn- und sachverwandten Wörter.* Mannheim, 1986.
Klein, H. W/Friedrich, W. *Englische Synonymik.* München, 5. Aufl. 1985.
Meldau, Rudolf. *Sinnverwandte Wörter.* Paderborn, 1978.
Webster's Dictionary of Synonyms. Springfield, Mass., USA.

c. Grammatiken
Lamprecht, Adolf. *Grammatik der englischen Sprache.* Cornelsen, Berlin 1972.
Ungerer/Meier/Schäfer/Lechler. *Grammatik des heutigen Englisch.* Klett, Stgt., 10. Aufl. 1993.

d. Wörterbücher
Wahrig, *Deutsches Wörterbuch.* München, 1993.
Duden, Bd. 5, *Fremdwörterbuch.* Mannheim, 1990.

e. Verschiedene Nachschlagewerke
Braak, Ivo/Neubauer, Martin. *Poetik in Stichworten.* Kiel, 7. Aufl. 1990.
Bußmann, Hadumod. *Lexikon der Sprachwissenschaft.* Stgt, 1990.
Koszyk, K./Pruys H. Karl. *dtv Wörterbuch zur Publizistik.* München, 1973.

Primärliteratur

Born, Joachim/Dickgießer, Sylvia. *Deutschsprachige Minderheiten.* Mannheim, 1989.
Bulpin, T. V. *South Africa: Land of Beauty and Splendour.* The Readers' Digest Ass. South Africa Ltd., 1981.
Gelb, Michael. *Present Yourself.* London, 1988.
Lodge, David. *Paradise News.* London, New York, Sydney, Toronto, 1991.
Nabokov, Vladimir, *Pnin.* Penguin Books, 1971.
Segal, Erich. *Love Story.* New York, 1970.
Segal, Erich. *Love Story.* München, 1990.
Smith, Wilbur. *Golden Fox.* London, 1990.
Updike, John. *Rabbit at Rest.* London, 1990.
Walker, Mark. "Legends Surrounding the German Atomic Bomb." *Vierteljahrshefte für Zeitgeschichte, 38/1.* Januar 1990, Hrsg. Institut für Zeitgeschichte, München.
Weldon, Fay. *Moon Over Minneapolis.* Penguin Books, 1991.

Prüfungstexte

(Hrsg. Bayerisches Ministerium für Unterricht und Kultus)

Abschlußprüfung an der Berufsfachschule für Fremdsprachenberufe 1990, Quelle: *International Management*, June 1989.

Staatliche Prüfung für Übersetzer und Dolmetscher 1989, Quelle: *Dialogue* 4/1988.
Staatliche Prüfung für Übersetzer und Dolmetscher 1990, Quelle: *Dialogue* 2/1990.
Staatliche Prüfung für ein Lehramt (vertieft) an der Universität München, Frühjahr 1991, Quelle: R. D. Altick. *Victorian People and Ideas.* London, 1974.
Staatliche Prüfung für ein Lehramt (vertieft) an der Universität München, Herbst 1991, Quelle: Goronwy Rees. *A Chapter of Accidents.* London, 1972.

Zeitungen

New York Times, 11.4.92
Süddeutsche Zeitung, 17.1.92, 7.4.92
International Herald Tribune, 23.3.91

Die Beispielsätze sind – wenn nicht etwas anderes vermerkt ist – den einschlägigen amerikanischen wie englischen Zeitungen und Magazinen entnommen, wie: *Time Magazine, Newsweek, International Herald Tribune, Los Angeles Times, New York Times, Christian Science Monitor, Daily Telegraph, The Independent, Observer, Times*

Quellenverzeichnis

Wir haben uns bemüht, alle Inhaber von Textrechten ausfindig zu machen. Sollten Rechteinhaber hier nicht aufgeführt sein, so wären wir für entsprechende Hinweise dankbar.

S. 10 *International Management*, June 1989.
S. 15 Walker, Mark. "Legends Surrounding the German Atomic Bomb", In: *Vierteljahrshefte für Zeitgeschichte, 38/1*. Januar 1990, Hrsg. Institut für Zeitgeschichte, München, S. 191.
S. 20 "New York City's Minorities Have Become Its Majority", In: *International Herald Tribune*, March 23, 1991.
S. 21 „Weniger Weiße in New York", In: *Süddeutsche Zeitung*, 25. März 1991.
S. 28 Smith, Wilbur. *Golden Fox*. Used with permission of MACMILLAN LONDON LTD. S. 1.
S. 36 Bulpin, T. V. "The Splendour of the land: the majesty of the sea" In: *South Africa: Land of Beauty and Splendour.* The Readers' Digest Ass. South Africa Ltd., 1981, S. 5.
S. 43 Gelb, Michael. *Present Yourself.* London, 1988, S. 8, 9, 31.
S. 52 Meyrowitz, Joshua. "Television's Covert Challenge", In: *Dialogue* 4/1988, S. 61.
S. 60 Fallows, James. "What looks and often feels like social upheaval is a bedrock virtue in a capitalistic world." In: *Dialogue* 2/1990, S. 8.
S. 71 Altick, R. D. *Victorian People and Ideas*. J. M. Dent, London 1974.
S. 79/80 Rees, Goronwy. *A Chapter of Accidents.* Chatto and Windus, London, 1972, S. 5.
S. 105 "Triumphant, Major Vows End to Class in Society". In: *New York Times*, April 1, 1992.
S. 109 Born, Joachim/Dickgießer, Sylvia, *Deutschsprachige Minderheiten*. Institut für deutsche Sprache. Mannheim, 1989, S. 5.
S. 124 Segal, Erich. *Love Story*. New York, 1970; Ed Victor Ltd., London, S. 2/3.
S. 125 Segal, Erich. *Love Story*. München, 1990, S. 8/9. Copyright © 1970 by Erich Segal. Veröffentlicht mit der Genehmigung Nr. 50124 der Paul & Peter Fritz AG in Zürich.

Schlagwortverzeichnis